【完

8週間で元手10万円を100倍にした

科学的「FX・神トレード」

94.6％の初心者トレーダーが
勝利を確信した
テクニカル分析の絶技

FX手法研究家
Kou

KADOKAWA

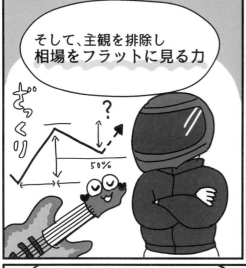

この本で、これらの具体的な手法を徹底解説します！

FX初心者の方でも理解しやすいように

わかりやすく構成しました

図解やチャートがたっぷり

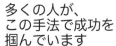

多くの人が、この手法で成功を掴んでいます

Kouさんの元へ寄せられたコメント例

毎月5〜10万ほどプラスになっています。あともう少しでさらに何かが掴めそうな気がします！

今まで感情に左右されていましたが、Kouさんのルール通りにやったらびっくりするくらい落ち着いてトレードできるようになりました！

10年ほどずっと負けていてもう500万ほど無くしましたが、続けていれば勝てるようになると思っていました。この内容を実践するようになり今までの自分の甘さを痛感しました。無理のないトレードを実践し半年間で半分は取り戻せています！

次はあなたの番です！

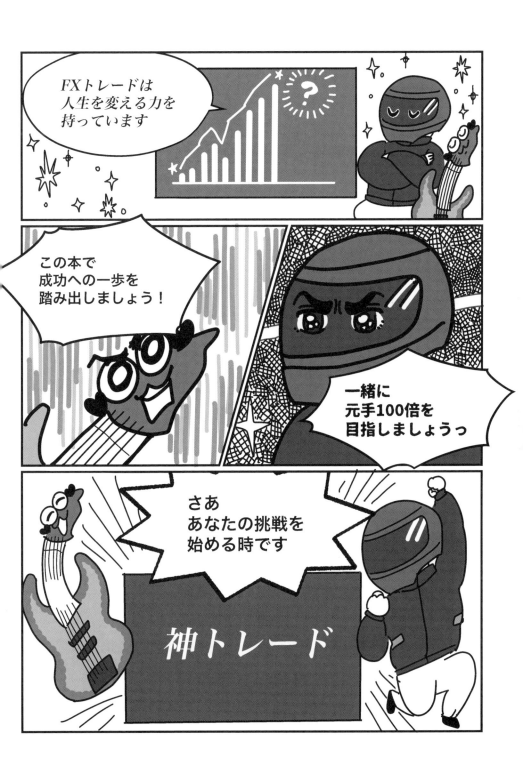

Contents

0章
【絶対条件】FXで成功するために知っておくべきメンタリティ

- **0-1** FXはプロと同じ土俵で戦わなければならない ……… 014
- **0-2** 本格的にトレードができるまでどれくらいかかる？ ……… 016
- **0-3** 爆速で成長して勝てるようになる裏技ってあるの？ ……… 017
- **0-4** 勝利より勝利の先が重要　トレード自体が目的になると負ける ……… 019
- **0-5** 完璧を求めるな、安易な勝ち負けに固執するな ……… 020
- **0-6** リスクリワードと勝率のバランスについて ……… 022
- **0-7** 常勝トレーダーが実践する10個のリスク管理 ……… 024
- **0-8** コツコツドカンは命取り　資金管理を徹底せよ ……… 028

1章
勝ち筋が見えてくる「神トレード」の本質的知識

- **1-1** 「順張り」か「逆張り」か　トレンド相場とレンジ相場 ……032
- **1-2** 相場の波に乗れるか？　転換ポイントの見極め方 ……034
- **1-3** 相場の流れを読むには マルチタイムフレーム分析が必須 ……036
- **1-4** 潮の流れに逆らわずビッグウェーブを狙え ……040
- **1-5** 相場の見方がガラリと変わる ダウ理論で狙う方向を定めよ ……042
- **1-6** まずはココだけでOK　水平線のポイント5つ ……048
- **1-7** 頼りになる相棒　インジケーターの使い方 ……053
- **1-8** マネするだけでOK インジケーターのおすすめ設定 ……060
- **1-9** グランビルの法則で 「8つの売買サイン」を見極める ……062
- **1-10** トレンドの把握を誤ると順張りも逆張りもできない ……064
- **1-11** 超シンプルにエリオット波動を捉える方法 ……066
- **1-12** エントリーの根拠と損切りの タイミングはセットで考える ……070
- **1-13** 時間足の固定と時間足の形 波を捉える2つのコツ ……074
- **1-14** 100％正解と言える利益確定は存在しない ……077

| 1-15 | 実際どう利益確定する? | 080 |

2章
形を見るだけで数秒後の動きが読める必勝チャートパターン

2-1	スマホの待ち受けにしよう チャートパターンまとめ	088
2-2	これだけ覚えればOK① 〜トレンド転換型チャートパターン〜	090
2-3	これだけ覚えればOK② 〜トレンド継続型チャートパターン〜	093
2-4	転換型? 継続型? ぶっちゃけどっちでもいい	096
2-5	実際のチャートでチャートパターンを捉えてみよう	097
2-6	チャートパターン&トレンドが わからないときの奥義を伝授	105
2-7	これでトレンドは完璧 シンプルな1枚マルチタイムフレーム分析	110

3章
「生の値動き」プライスアクションを掌握する王道・裏テク

| 3-1 | トレーダーの「感情の動き」を表す
プライスアクションとは? | 114 |

3-2	トレンド転換のサイン「ピンバー」を見極めよ	117
3-3	「高いけれど買いたい」「安いけれど売りたい」スラストアップ・ダウンは重要なシグナル	121
3-4	精度を上げるポイントは下位足でのチェック「ランウェイアップ・ダウン」	123
3-5	膠着状態を示すサイン「インサイド（はらみ線）」で次の動きを見極める	125
3-6	値動き発生のサイン「アウトサイド（包み線）」	127
3-7	不確実性の高い反転のサイン「リバーサル」逆張りの意識を忘れずに	129
3-8	プライスアクションは「どんな相場環境」の「どこで出るのか？」が大事	132

4章
【実践】元手資金100倍を爆速で実現した神トレードの真髄

4-1	FXトレードは準備が9割	136
4-2	「森・木・枝」を観察して相場を見極めるマルチタイムフレーム分析について	142
4-3	徹底して資産を減らさない！FXリスクの分散について	145
4-4	必見！ 勝率を爆上げするKouのトレードルール	147
4-5	注文が集中しているところに意識を向けてみよう	152

5章
リアルチャートで相場観を掴む
再現性抜群FXドリル

5-1 ダウの目線テスト 〜1つの時間足〜 ································ 162

5-2 ダウの目線テスト 〜2つの時間足〜 ································ 167

5-3 注文の集中・シナリオを考えよう ································ 175

あとがき ································ 190

本文デザイン	株式会社三協美術
装丁デザイン	五藤友紀（ブックウォール）
漫画イラスト	せるこ安藤
校　　正	西岡亜希子
企画・編集	五十嵐恭平

●本書の多くは、執筆時2024年7月〜12月現在の情報を元に作成しています。本書刊行後、金融に関連する法律、制度が改正、または各社のサービス内容が変更される可能性がありますのであらかじめご了承ください。

●外国為替取引には一定のリスクが伴います。売買によって生まれた利益・損失について、執筆者ならびに出版社は一切責任を負いません。外国為替取引は必ず、ご自身の責任と判断のもとで行うようにお願い致します。

0章

【絶対条件】
FXで成功するために
知っておくべき
メンタリティ

0-1 FXはプロと同じ土俵で戦わなければならない

　FXを始めたころ、「スキマ時間で〇万円」「主婦でもできる」「超カンタン」なんて言葉に心を惹かれた経験、ありませんか？

　実は僕自身、FXを始めたきっかけは、当時の職場環境に不満があり、現状から早く抜け出したいという気持ちからでした。そのため、少額でも効率よくお金を手に入れたいと思い、勉強もせずにいきなりリアルトレードを始めて、**結果的にボコボコにやられてしまいました。**

　言うまでもなく、FXは甘い世界ではなく、プロたちと同じ土俵で戦わなければなりません。そのため、**重要なのはお金を増やすことよりも減らさないこと**。相場で生き残り続ければ、何度でもチャンスを掴むことができます。

　この本を手に取ってくださったあなたには、ぜひお金を失うことなく進んでいただきたいと思っています。これがあなたの一歩を踏み出すきっかけとなり、成功に近づくための第一歩になれば嬉しいです。

死ぬまで忘れてはいけない3つのステップ

　自力でトレードができるようになるためには、**①基礎を学ぶ、②使うものを決める、③それを使えるレベルまで磨く**、このシンプルな3つのステップが重要です。

　しかし、初心者のうちはどうしても「高勝率」や「高リスクリワード」の聖杯を探しがちです。トレードはお金を増やす作業なので、勝率が低くてもリスクリワードが悪くても、最終的に資金が増える方法なら正解

です。聖杯探しを続けていると、勝ったり負けたりの繰り返しで、負けたらやり方を変えてしまうことが多いですが、これではいつまでも成長できません。完璧を求めず、「負けてもお金が増えたらそれでいい」という心構えを持つことが大切です。

基礎については、ダウ理論、水平線、トレンドライン、チャネルライン、インジケーター、チャートパターン、プライスアクション、フィボナッチ、エリオット波動など、たくさんの理論が挙げられます。しかし、知っている知識を全部使えていますか？　別の理論だからといって、別物と捉えていませんか？　**多くの理論がありますが、実はすべてがつながっています。**

複雑に考えるのではなく、1つの視点で捉えていくことで、新しい発見があるかと思います。特に好きな理論を選んで、それを基準に考えることで、シンプルに捉えて自分の軸を作っていきましょう。

経験を蓄積することで違和感に気付く

FXは経験を重ねることが重要です。これは仕事と同じで、数をこなすことでそのやり方に慣れ、普段とは違うときに違和感を感じ取れるようになります。

やることを決めて軸を持つことで、「わかる相場」と「わからない相場」をしっかりと見分けることができるようになります。この本では、①一般的な基礎知識、②それを僕が実際にどう使っているか、③確認問題という流れで理解を深め、実際のトレードに活かせるようにしていきます。

0-2 本格的にトレードができるまでどれくらいかかる？

　言語化できるトレード手法を身に付けるだけなら、1か月あれば最低限のことは大丈夫です。ただし、それを実際の相場で使えるレベルにするには、検証やデモを通じて最低でも約3か月は必要です。
　さらに、検証でプラスになっても、リアルトレードでは時間感覚のズレや実際のお金を使うことでプロスペクト理論（利益はすぐに確定し、損失は受け入れられない）に引っ張られるなど、検証とリアルでの擦り合わせが必要になります。

「聖杯探し」を目的にすると失敗する

　型が決まっていないまま闇雲に検証を続けるとどうなるでしょうか？
　一時的な連敗で自分のルールを信じられなくなり、**「勝率の非常に高い手法はないかな？」など、簡単に勝てそうな方法を求める「聖杯探し」に走ることが多くなります。**
　こうなると、半年、1年、5年、10年といった長期間にわたって「勝ち負け」に囚われ、トレードがブレブレになります。
　聖杯探し自体は、自分に合う方法ややりたいことを見つけるために必要なプロセスでもありますが、あくまで「聖杯を探すこと」が目的にならないように気を付けてください。

0-3 爆速で成長して勝てるようになる裏技ってあるの？

　成長のコツは「言語化」です。アウトプット（言語化や行動など）することで、正しく理解でき、経験が積み上がっていきます。
　成長するためには、基礎を学ぶこと、リアルで使えるレベルまで磨くこと、待つこと、やることを決めること、検証を重ねること、シンプルにすること、資金管理、損切りなど、学ぶことややるべきことはたくさんありますが、すべて「言語化」ができることが前提です。
「基礎とはどんなことですか？」
「リアルで使えるレベルってどんな状態ですか？」
「待つのが大事と言われますがなぜ待ちますか？」
「トレードルールはなぜその方法に決めましたか？」
「どんな資金管理をしていますか？」
など、やることを1つ1つ言語化していかないと、なかなか身に付きません。勉強も問題集を解きっぱなしで終わったらずっと点数が上がらないですよね？「なぜ間違えたのか？」などを振り返ると似たような問題で間違えなくなっていきますし、人に教えることで理解が深まります。
　これと同じように、とにかく**「なぜ？」を繰り返して「今やっていること」を説明できるようになっていきましょう。**

まずはとにかく経験を積み上げる

　実際にトレードの検証を行う際は、「今日はダウ理論に基づいてラインを引いてみよう」「今日はインジケーターの傾きの変化を観察してみ

よう」「今日はプライスアクションに注目してみよう」など1つずつ積み上げていくことが重要です。

　身の回りのことや趣味に置き換えてみると、たとえば、写真を撮るときもいきなり完璧に撮ることは難しいです。「今日は構図を考えて撮影しよう」「今日は影の使い方を工夫してみよう」「今日は色彩に注目してみよう」など1つ1つ目標を決めて他のことは意識せずに集中することで、少しずつ成長できます。

　ギターの練習でも同じです。「今日は左手の指を開くことを意識しよう」「今日はこのコードを確実に押さえられるようになろう」「今日はピッキングの練習に集中しよう」など、1つずつ課題を設定することで上達が早くなります。

　身の回りのことや趣味に置き換えると、**スキルを身に付けるためには一夜にして上達することはなく、地道に積み上げていくことが大切**だということが、よくわかるかと思います。言語化も最初はうまく言葉にできなくても、**まずは「とにかくやってみる」という意識を持ち続けてください**。その繰り返しの中で、少しずつ「点と点」がつながり、最終的には自分なりのスキルとして身に付けることができます。

急がば回れ。
焦らずコツコツスキルを
積み上げることが
成功への近道です！

0-4 勝利より勝利の先が重要 トレード自体が目的になると負ける

　FXはレバレッジを利用することで比較的少ない資金でスタートできるため、「お金を効率良く増やしたい」という目的で始める方が多いと思います。大金を稼ぎたいという気持ちも素晴らしいことですが、**実際には「お金を得た先に何があるのか？」がもっと大事**です。
「時間に縛られない生活をしたい」「欲しいものを我慢したくない」「家族との時間を大切にしたい」など、**何でも良いので、お金だけではなくその先の目的をしっかりと持ち続けてください。**

　FXをする理由がないと、「トレードすること自体が目的」になり、ポジポジ病や感情的なトレードに陥りやすく、結果として他のことに手が回らなくなり、成長が遅くなります。「家族との時間を優先したい！」と言いながらチャートに張り付きっぱなしだとどうですか？　FXを楽しむことは良いことですが、トレード自体が目的にならないように注意しましょう。

　株式投資の世界では、何か月〜何年も保有し続けて、年利数％を目標に運用する方が多い一方で、FXの世界では少額で何百倍、1日で数百％の利益を目指すという風潮が見受けられます。

　しかし、どんな投資も地道な作業の積み重ねが重要で、急激に稼げるものではありません。FXは簡単に稼げるものだという先入観を捨て、少しずつ着実に進んでいきましょう。

0-5 完璧を求めるな、安易な勝ち負けに固執するな

　FXを始めたころはどうしても勝ち負けを気にしがちですが、**「トレードは勝ち負けではなく、資金が増えるか減るか」**が本質なので、この認識を間違えないようにしましょう。勝ち負けばかりを考えると、「高勝率＝良い、低勝率＝悪い」と思い込み、「勝つことが目標」になってしまいます。そうすると、たとえば次のようなことが起こります。

> ①チキン利食いで勝率を上げる
> ②無謀なナンピンで無理矢理プラスで終わらせようとする（負けるときは爆損）

　これでは、勝率は高いかもしれませんが、リスクリワードが悪くて資金が減ったり、コツコツドカンで一発退場という、本末転倒な結果になったりします。
　逆に、資金が増えるかどうかを重視するようになると、たとえば次のように考えることができます。

> ①勝率は低くてもリスクリワードが良いので気にしない
> ②リスクリワードは低くても、その分勝率を上げるために狙う波形のサイズを小さくし、ポジションの保有時間を短くする

　このように、資金を増やすためのトレードスタイルを考え、勝率・リスクリワードのバランスを自分の生活リズムや性格に合わせて調整する

ことができます。

　大切なのは、**勝ち負けにこだわらないこと**です。今のやり方が資金を増やすルールになっているかどうかを見極め、そのルールが実際にリアルで再現可能かを考えることです。このあたりを意識し、「完璧を求めない、そこそこでいいんだ」といった感覚を落とし込みましょう。

エントリー回数は多い方がいい？

「エントリー回数を増やす＝お金が増える」と考えている人が多いですが、**「エントリー回数が増える＝大切なお金を危険に晒す回数が増える」**ということです。

　たとえば勝率60％だったとして、月間5エントリーするなら3勝2敗。月間100エントリーなら60勝40敗。割合としては同じですがエントリーの回数が増えることで負ける回数も増えるので、連敗する割合が増えたり、思ったように増えずにもどかしかったり、負けが続くことで典型的なコツコツドカンになる可能性も出てきます。

　やることが超短期的な秒スキャなど、スタイル的に回数が増えて、それで実際にお金が増えるなら問題ありませんが、無駄に回数だけが増えているならお金は増えにくいので、エントリーすることよりも「リスクを負わない」ことを意識して、試しにトレード回数を減らしてみてください。

0-6 リスクリワードと勝率のバランスについて

　これは資金を増やすために絶対に必要な考え方なので、必ず覚えておきましょう！　資金を増やすためには、目指すべきバランスがあります。たとえば、以下のような組み合わせです。

> 1. 勝率80%・RR1：0.5
> 2. 勝率60%・RR1：1
> 3. 勝率40%・RR1：2

　これらの条件でトータルで資金は増えます。たとえば、100回のトレードをした場合、1回の損切りが1,000円だとすると、次のような結果になります。

> ①勝率80%・RR1：0.5 → 80勝20敗、＋4,000円 - 2,000円
> 　＝＋2,000円
> ②勝率60%・RR1：1 → 60勝40敗、＋6,000円 - 4,000円
> 　＝＋2,000円
> ③勝率40%・RR1：2 → 40勝60敗、＋8,000円 - 6,000円
> 　＝＋2,000円

　どれも最終的に＋2,000円となり、資金が増えるバランスであれば**「これ以上欲張らなくても大丈夫」という意識を持ちましょう**（期待値を合わせているだけで、基本的にRR1：1なら勝率55％程度でも十分です）。

勝率とリスクリワードの"黄金バランス"を見つけよう

　スキャルピング、デイトレード、スイングトレード、どのスタイルを選んでも、勝率とリスクリワードのバランスが同じであれば、結果的に同じです。

　たとえば、スイングトレードで大きな値幅を狙う場合、その分損切り幅は広くなりやすく、スキャルピングで損切り幅を狭くしても、利確目標は狭くなりやすいです。あくまでも、勝率とリスクリワードのバランスが大事なので、わかりやすい1:1を基準に考えてみましょう。このバランスを基に、勝率とリスクリワードが高まっていけば良いですが、基本的に勝率とリスクリワード比は反比例します。

> ・目先の数pipsを狙えば勝率は上がるが、リスクリワードは悪くなる
> ・逆に、大きな値幅を狙うとリスクリワードは良くなるが、逆行を受け入れる必要があり、勝率は下がりやすくなる

　そのため、**勝率90%、リワード10のような高勝率・高リスクリワードを目指そうとする無理は避けましょう**（実現するにはトレード回数が極端に減ります）。もちろん、勝率が少しでも上がり、リワードが高まればより良いですが、あくまでもバランスを意識しましょう。

　勝率を上げてリワードを下げる、または、勝率を下げてリワードを上げるといった調整は、ポジションを持っている際のメンタルへの負荷や、トレードできる時間帯、チャートをチェックする頻度など、自分の性格や生活リズムに合ったバランスを見つけていきましょう。

0-7 常勝トレーダーが実践する10個のリスク管理

大まかに分けると、FXにおけるリスクは主に①為替の変動リスク、②金利の変動リスク、③レバレッジリスク、④システムリスク、⑤流動性リスクの5つです。それぞれについて詳しく見ていきましょう。

①為替の変動リスク

為替の変動によって損失が生じるリスクのことです。特に経済指標の発表時など、相場が急激に動くタイミングではトレードを避けるなど、注意が必要です。重要な発表や予想外の要因で為替変動が激しくなる場合があります。

②金利の変動リスク

金利が変動することで、資産価値も影響を受けるリスクです。FXの場合、金利の変動によってスワップポイントの受け取りが少なくなったり、マイナススワップになる可能性もあったり、需給にも影響があったりするので、各国の金利政策や動向などを注意深く見守りましょう。

③レバレッジリスク

FXではレバレッジを効かせることができるため、少ない資金で大きなポジションを持つことが可能ですが、同時に損失も大きくなるリスクを伴います。証拠金維持率を意識し、レバレッジを高くし過ぎないようにすることが重要です。安全第一で取引を心がけ、適切なリス

ク管理を行いましょう。

④システムリスク

　証券会社側のシステムや、ネットワークなどに関連するリスクです。取引アプリの使い勝手や、約定力、スプレッドの広がりなど、システムの安定性や信頼性は非常に重要なので、事前にデモ口座で使用感を確認し、リスクを最小限に抑えるようにしましょう。

⑤流動性リスク

　市場の流動性が低いと、スプレッドが広がったり、約定しにくく価格が滑るなどのリスクがあります。特に相場が動きにくい時間帯や薄商いの時期には、トレードを控えるなどの工夫が必要です。

　これらのリスクは一般的に知られていますが、実際にリスク管理を行う上では、さらに重要な要素があります。これらについてもお伝えしておきます。

勝てるトレーダーが実践する"5つのリスク管理"

　一般的にFXには、前述の様々なリスクが存在しますが、実際のリスク管理にはもっと重要な要素があります。それが、①感情管理、②体調管理、③脳の容量の管理、④口座の分散・玉操作、⑤相場環境の確認です。それぞれについて詳しく見ていきましょう。

①感情管理

　感情がトレードに与える影響を把握することは非常に重要です。トレード中にどんな感情が湧いているか、自分を客観視してルールを守れているか、守れない可能性があるかを確認しましょう。たとえば、

スイングトレードで利益を出せていても、リアルトレードでは「夜に何度も目が覚めて不安になっている」といった場合、そのトレードスタイルが合っていないかもしれません。こうした不安がある場合、最小ロットでリスクを抑えつつ、少しずつ慣れていくか、トレードスタイルやルールを見直す必要があります。

②体調管理

　体調が悪いときにトレードをすると、判断力が低下して損失を招くことがよくあります。たとえば、睡眠不足や風邪、お酒を飲んだ後などは、トレードを避けるべきです。また、不安や仕事のストレスなどがあるときにも同様です。トレードをしないタイミングを決めて、無理せず休息を取ることが重要です。

③脳の容量の管理

　トレードをするときには、集中力を要します。仕事が忙しい、家族との時間を大切にしたいなど、他にやることがあるときはトレードに集中することが難しくなるので、トレードを控えるようにしましょう。マルチタスクでは精度が落ちるので、トレードをするにはその時間に集中できる状態であることが必要です。

④口座の分散・玉操作

　口座やポジションの分散は、リスク管理において非常に大切です。たとえば、少額で高レバレッジをかけた口座、低レバレッジでスワップ運用する口座を使い分けるなど、口座ごとに運用方法を工夫することが重要です。1つの口座で運用する場合でも、ポジションや通貨ペアを分散することでリスクを分散させましょう。

⑤相場環境の確認

トレードをする前に、その日の相場環境がトレードに適しているかを確認することが必要です。たとえば、「今日は仕事が早く終わったからトレードしたい」「今月中に○万円稼ぎたいからトレードする」といった動機で無理にトレードすることは避けましょう。トレードができる状態か、エントリーするのが適切なときかをしっかり判断しましょう。

トレードには、自分で管理できるリスクと、相場の変動リスクなど**管理できないリスクがあることを理解しましょう**。その上で、損切りを徹底し、口座に大きな金額を入れ過ぎないよう注意することが重要です。

また、種銭を増やしたり、トレードを控える選択をしたり、資金を増やせるレベルになるまで検証を重ねることも効果的です。特に、自分で管理できる部分に意識を集中することが成功への鍵となります。

そのためにも、トレード以外のリスクを具体的に言語化してみてください。たとえプラスにするだけの実力がある方でも、外部要因によって損失を出すことは珍しくありません。

そのような状況では、**無理をせず相場から一時的に離れる勇気を持つことが重要**です。冷静にリスクを管理し、適切な判断を心がけましょう。

0-8 コツコツドカンは命取り 資金管理を徹底せよ

　資金管理はお金を減らさないために不可欠で、トレードを行う上で絶対に必要な要素です。

　お金を増やしたいのに「コツコツドカン」と繰り返してしまう場合、ロットサイズの設定ミスや損切りができないことが原因となっているかもしれません。資金管理には様々な方法があり、各自に合った方法を選ぶことが大切です。いくつかのパターンを紹介します。

① 1回のトレードに対して損失を限定する方法

　これは、損切り幅に対して損失額をあらかじめ決めておく方法です。よく言われる「〇%ルール」に基づきます。

　たとえば、投資資金が10万円、損失額を3%として設定する場合、1回のトレードの損失額は3,000円になります。損切り幅が15pipsなら、ロットサイズは2万通貨に設定します。

　もし負けた場合、資金は97,000円になり、次回の損失額はその3%で2,910円となり、ロットを調整していきます。

② 1日の損失額を決めておく方法

　これは①の方法と似ていますが、1日の損失額に基づいて調整します。投資資金10万円で1日あたりの損失額を5%（5,000円）とすると、その日中に5,000円の損失が出た時点でその日のトレードは終了します。

　トレード回数を調整する方法もあります。たとえば、1回の損失を1%に設定し、5回トレードを行う、または1回で5%の損失を出し、1

回だけトレードするなど、相場環境に合わせてトレード回数を変えることができます。

ただし、損失が5％内で収まっていない場合に「まだ大丈夫」と考え、追加でトレードを行うとポジポジ病に陥りやすく、結果的に損失が膨らむ可能性が高まります。

まだトレードできると考えると損失を取り返そうとする気持ちが働いて傷口が広がるので、金額だけではなくメンタルも管理できるルール作りが大切です。

③口座に入れるお金を投資に使える資金の10分の1程度にして、ハイレバレッジでトレードする方法

投資資金10万円のうち、口座に1万円を入れて運用する方法です。損切り幅が30pipsであれば、ロスカットにならないように、ハイレバレッジでトレードを行います。

この方法では、少額で大きなお金を動かすことができるため、国内のノックアウトオプションなどを利用することが推奨されます。

ハイレバレッジはリスクが高いと思われるかもしれませんが、資金を分けることで、利益が出た場合は口座の資金が倍増し、負けた場合でも口座全損のリスクはあっても、投資資金（元本）は残り続けるというメリットがあります。たとえば、投資資金に対して10％の損失が出ても、口座は全損しても9万円残ります。

そもそも口座に大きなお金を入れないことで、普段負けたときに感情的になってしまうようなトレーダーでも、再入金するのにひと手間かかってしまうことで、すぐに次のエントリーをしないようになったりなど、ポジポジ病を避けられて資金を守ることが可能です。

繰り返せるトレードが勝利への近道

　どの方法が最適かは一概に言えませんが、大切なのは「繰り返し実行できる方法か？」「自分に合った方法か？」という点です。たとえば、資金が少しずつ増える方法を好んでいても、その増加を遅く感じるとロットを大きくしてしまったり、ルールに従わずに過度なリスクを取ったりする可能性があります。

　一方で、毎日トレードしなくても、狙いを絞った戦略で効率よく増やすことも可能です。**どの方法を選ぶにしても、リスクリワードが１：１以上、勝率が55％以上を目指して、実行しやすい方法を繰り返していきましょう！**

次章からは実践的なトレードの知識とスキルを身に付けていきましょう！

1章
勝ち筋が見えてくる「神トレード」の本質的知識

1-1 「順張り」か「逆張り」か トレンド相場とレンジ相場

　FXの相場には「トレンド相場」と「レンジ相場」の2種類があります。**トレンド相場とは、価格が上昇または下降し続ける状態**を指し、明確な方向性が出ている相場のことです。この場合、一度トレンドが発生すると簡単には止まりにくい性質があり、順張りが有効になりやすくなります（図1-1）。

　一方、**レンジ相場とは、価格の方向性がはっきりせず、一定の範囲で推移する相場**のことです。この性質から、レンジの上限付近では売られやすく、下限付近では買われやすいため、逆張りが有効になりやすいです（図1-2）。

レンジ相場での逆張りは"レンジ幅"を見極めろ

　基本的に、上限付近で売った人は下限付近に近づいたときに決済し、下限付近で買った人は上限付近に近づいたときに決済するため、レンジ幅は徐々に狭まっていきます。

　レンジ幅が小さいときに逆張りでポジションを持ってしまうと、値動き幅がさらに小さくなり、リスクリワードが悪くなったり、勝率が下がったりする可能性があるため、レンジ相場を狙って逆張りでトレードする際は、狙っているレンジ幅が小さ過ぎないかを確認し、小さ過ぎる場合は見送るようにしましょう。ここでは、このトレンド相場とレンジ相場の違いを覚えておいてください。

リスクリワードを制する者がトレードを制する

　本書では何度も登場するので確認しておくと、「リスクリワード」とは、投資やトレードにおいて「リスク」と「リターン（利益）」のバランスを示す指標です。具体的には、取引１回あたりの「損失の可能性」と「利益の期待値」の割合を表します。

　たとえば、リスクリワードが１：２の場合、「１のリスクを取ることで２のリターンが期待できる」という意味になります。この場合、損失のリスクを上回るリターンが期待できるため、利益を得る可能性が高い取引と見なせます。

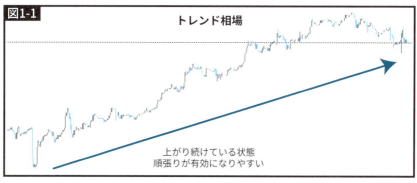

図1-1　トレンド相場
上がり続けている状態
順張りが有効になりやすい

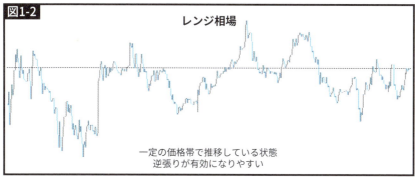

図1-2　レンジ相場
一定の価格帯で推移している状態
逆張りが有効になりやすい

1-2 相場の波に乗れるか？転換ポイントの見極め方

　それまで価格が上昇し続けていた相場が下落に転じるきっかけとなった場所、または価格が下落し続けていた相場が上昇に転じる場所、こうした高値や安値は、相場の波が転換するポイントと考えられます。

強いのはどっち？　水平線で読む相場の行方

　相場は、多数決（売り買いのバランス：需要と供給）によって動きます。買い手が多ければ価格は上がり、売り手が多ければ価格は下がります。レンジ相場では細かく高値と安値が推移するため、値動きを細かく追いかけ過ぎると、判断が難しくなることもあります。

　しかし、図1-3のように、価格が水平線を超えると次の価格帯を目指しやすい、という習性があるため、「現時点で売りと買いのどちらが強いのか」「ラインの上にいるか？　下にいるか？」を見るとわかりやすいです。

　この判断のためにも、「トレンドがどの水平線で崩れるのか」を水平線を通して読み取れるようにしていきましょう。詳細は、後述するダウ理論や水平線の項目で解説します。

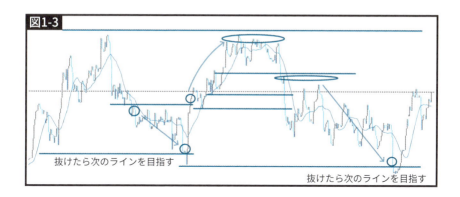

そもそも「水平線」ってなんだっけ？

　水平線についても念のため説明しておきましょう。
　FXにおける水平線とは、チャート上で価格が特定の水準で何度も反発したり止まったりするポイントを線で引いたものです。主に「サポートライン」と「レジスタンスライン」に分けられます。

> サポートライン：価格が下がってきたときに反発しやすい水準
> レジスタンスライン：価格が上がったときに抑えられやすい水準

　これらのラインは、過去の高値や安値、価格が繰り返し反応したポイントを基準に引きます。水平線を使うことで、エントリーや利確、損切りのタイミングを判断しやすくなります。
　シンプルですが、多くのトレーダーが意識するため、効果的な分析手法とされています。水平線を引くべき場所は1-6（P48）で解説します。

1-3 相場の流れを読むにはマルチタイムフレーム分析が必須

トレンドパターン①

安値を切り上げて高値更新している限り上昇トレンドです。図1-4、1-5のように安値を下抜けると上昇トレンドが終了する可能性があります。

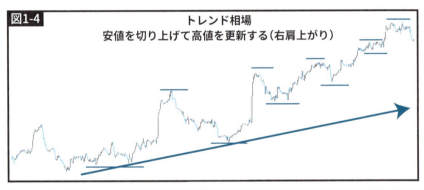

図1-4 トレンド相場 安値を切り上げて高値を更新する(右肩上がり)

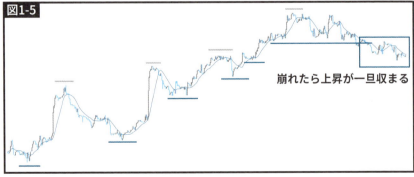

図1-5 崩れたら上昇が一旦収まる

トレンドパターン②

高値を切り下げ、安値を更新し続ける限り下降トレンドです。高値を上抜けると下降トレンドが終了する可能性があります（図1-6）。

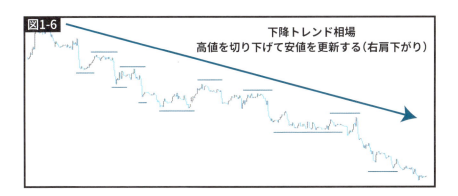

図1-6
下降トレンド相場
高値を切り下げて安値を更新する（右肩下がり）

実際には、トレンドの中にレンジがあるなど、様々なパターンが含まれているため、マルチタイムフレーム分析をすることで相場の現在地を知る必要があります。

マルチタイムフレーム分析で相場の流れを立体的に読む

「マルチタイムフレーム分析」とは、異なる時間足（タイムフレーム：時間枠）を使って相場を分析する方法です。具体的には、長期・中期・短期足を組み合わせて、相場の大きな流れから細かな動きまで確認し、トレード判断に役立てます。

たとえば、日足チャートで大きなトレンドを確認し、4時間足や1時間足でエントリーポイントや反転の兆しを探すといった使い方をします。**長期的な方向性（上昇傾向か下降傾向か）を把握した上で、短期のチャートを見て具体的な取引タイミングを決めることで、リスクを減らしつつ効率的なトレードが可能**になります。

図1-7を例に見てみましょう。

日足
日足では一定の価格帯で推移しているレンジ相場となります。

4時間足
日足青丸の移動平均線が下向いている部分を4時間足でチェックしてみると、高値を切り下げて安値を更新している下降トレンドとなります。

1時間
さらに4時間足青丸の移動平均線が上向いている部分を1時間足でチェックしてみると、安値切り上げ高値更新して上昇トレンドが発生し、起点となる安値を下抜けて方向感がなくなってきていきます。

15分足
さらに1時間足青丸の移動平均線が横から下向いている部分を15分足でチェックしてみると、高値を切り下げて安値を更新している下降トレンドが確認できます。

実際にトレードする場合には、このように様々な時間足の状況を踏まえた上で、今の大きな流れがトレンドなのか、レンジなのか、さらにその中ではどんな相場環境になっているのかなど、それらをトータルで考えて「相場のどの部分を狙おうとしているか？」を決めることが大切です。このあたりは後半で詳しくお伝えします。

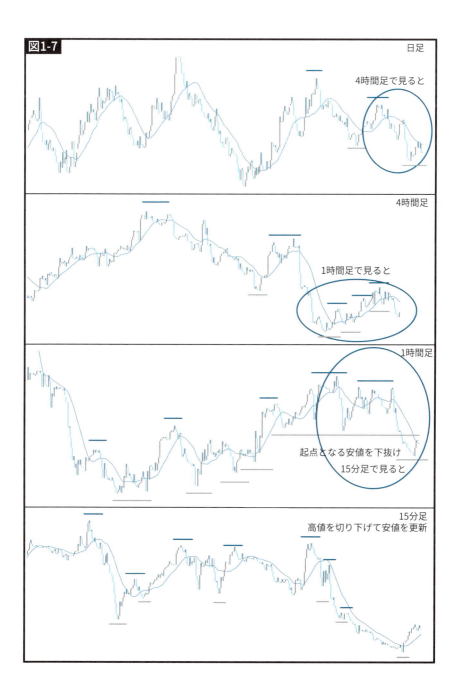

1-4 潮の流れに逆らわず ビッグウェーブを狙え

　為替は「**国と国との戦い**」で、需要と供給のバランスで決まるため、基本的に**長期的にはレンジ（一定の範囲での推移）になりやすい性質**があります。

　また、長期の波はゆっくり動く代わりに、一度動き始めると止まりにくい特徴があります。たとえば、月足や週足のチャートを見ると、1本のローソク足（1か月や1週間）で大きな流れが変わることはほとんどありません。そのため、長期足は「大きな方向感を決める」ために活用します（図1-8）。

　一方で、短期足は動きが軽く、今の相場の勢いが反映されます。短期足はトレンド方向が頻繁に変化するため、その特性を活かして「エントリーのタイミング」を計るのに適しています（図1-9）。

長期足の大きな流れには逆らわずに虎視眈々とチャンスを狙え

　基本的には、長期足での流れに合わせて短期足でエントリーのタイミングを狙いましょう。**長期の方向には逆らわず、その方向に沿って取引を進めることで、リスクを抑えやすくなります。**

　たとえば、長期の流れが上昇であれば、その方向は変わらない前提で「買い」のエントリーポイントを探します。短期的な下落が上昇に変わるタイミングを狙うことで、大きな波に乗る可能性が高まり、より安定した取引がしやすくなります。

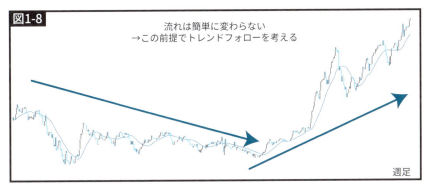

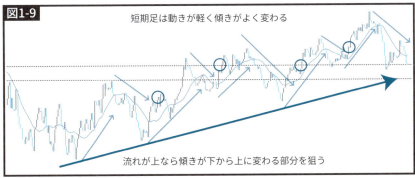

1-5 相場の見方がガラリと変わる ダウ理論で狙う方向を定めよ

　トレンド方向を正しく理解するためには、**ダウ理論における「押し安値」と「戻り高値」を知ることが重要**です。ダウ理論とは相場の値動きを分析するための基本的な理論で、チャールズ・ダウ氏が提唱したものです。多くのテクニカル分析の基礎となっており、トレンドの方向性を理解するのに役立ちます。

　押し安値とは、高値を作った起点の安値を指し、戻り高値とは、安値を作った起点の高値を指します。安値を切り上げて高値を更新することで上昇トレンドが発生し、起点の安値（押し安値）を下抜けると上昇トレンドが終了する可能性が出てきます。

高値切り下げでも焦らずに！上昇トレンドの安定感を保つ方法

　では、押し安値を下抜けないまま小さく高値を切り下げて安値を更新した場合はどうでしょうか？　この場合、**基本的にはまだ上昇トレンドが継続中**と見ます。ただし、小さく高値を切り下げ、安値を更新していると、移動平均線（MA）などのトレンド系インジケーターの傾きが下向きになるため、買いにくい状況となりますが、その時間足で押し安値を下抜けていないなら、上昇トレンドは継続していると考えられるため、狙う方向感を頻繁に変えないように気をつけましょう。

　ローソク足が押し安値よりも上に位置していれば、上目線として買いを考える状況となり、ローソク足が戻り高値よりも下に位置していれば、

下目線として売りを考える状況となります。

これを基準に考えますが、上目線だからといって安易に買い、下目線だからといって安易に売るのは危険です。たとえば、目線が切り替わるポイント（押し安値や戻り高値）を抜けたタイミングで即座にエントリーすることは、まだ転換したかどうかが明確ではなく、リスクが高まるため避けるべきです。

あくまで、買いたい状況なら安いところで買い、売りたい状況なら高いところで売るという「押し目買い」や「戻り売り」がトレードの基本です。図1-10でダウ理論の基本的な概念について記載していますので、しっかり覚えておきましょう。

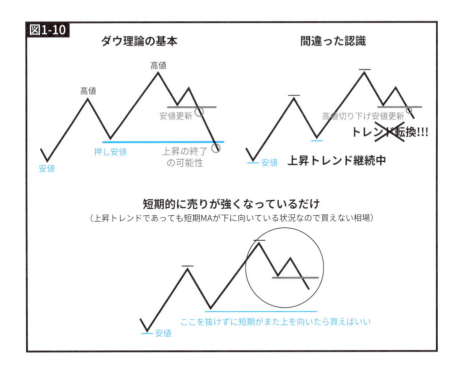

逆張りしたくなったときこそ冷静になれ

実際のチャートで具体的に見ていきましょう（図1-11、12）。

まず、上昇トレンドの部分（青丸）では、安値が切り上がり、高値が更新され続けているので、上昇トレンドであることが確認できます。その後、小さく高値を切り下げ、安値も更新され、移動平均線（20MA）の傾きも下向きに変わっています。

しかし、この時点で「押し安値」を下抜けていないため、上昇トレンドはまだ継続中と判断されます。

このタイミングで、狙う方向を下に変えてしまうと、その後に小さな高値を上抜けて上昇トレンドがさらに続いた場合、トレンドに逆らってしまい負けてしまう可能性があります。

こうならないためにも、**トレンド方向を無視しない**ことが重要です。上昇トレンドが継続中である限り、トレンド方向に沿って取引することを意識しましょう。

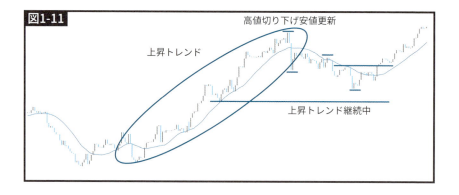

短期的に移動平均線の傾きが変化すると、一時的に狙う方向を変えたくなるかもしれません。しかし、こうした逆張りを誘うような動きや形

が現れると、反対方向にポジションを持つ人が増え、その損切りに次々と巻き込まれることで、最終的には元のトレンド方向へと動きが再開されることがよくあります。

逆張りしたくなったときこそ方向感が掴めるまで冷静に待つことが大切です。その場ですぐ飛び乗らず、反対方向にポジションを持っている人が「どの位置に損切りを置いているか」を意識してみると、トレンド方向の動きが再開するタイミングを狙いやすくなります。

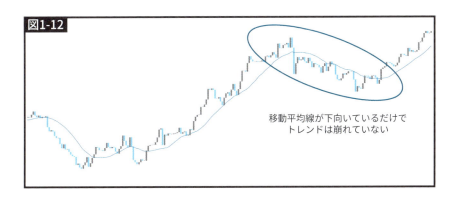

図1-12
移動平均線が下向いているだけでトレンドは崩れていない

トレンドを見逃さないための押し安値・戻り高値の認識方法

　トレンド方向を正しく理解しておくことは非常に重要です。方向感を掴めないと、買うべき相場環境で逆張りで売ってしまったりすることがあるからです。

　トレンド方向を把握するためには、「どこを押し安値・戻り高値と見るか？」の基準をしっかりと持つことが大切です。この基準が毎回ブレてしまうと、「こう見ると上に見えるし、こう見ると下に見える」と迷ってしまい、どちらを狙うのかが決まらないまま、雰囲気でトレードしてしまったり、本来なら待つべき環境に気付かずにエントリーしてしま

ったりすることになります。

　僕の基本的な判断基準は、複数本の陽線・陰線（目安は４本以上）があって、水平線が引けることです。ローソク足１本で支えられるＶ字のような動きは、押し安値・戻り高値とは認識しません。実際には、揉み合いの形や更新幅、更新後の動きなどで若干変わることがありますので、一例を紹介します。

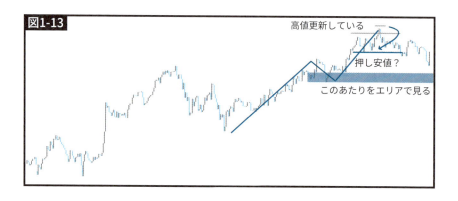

　まず、図1-13のチャートは上昇トレンド相場です。このチャートだけで判断すると、**押し安値を下抜けない限り、上方向を狙い続ける環境**です。そこで、押し安値がどこにあるかを見ていきます。高値を更新しているので、すぐ下の安値（画像の「押し安値？」の部分）を押し安値として判断するかもしれません。

　しかし、高値を更新した後にすぐ戻ってきているため、ここでの高値から画像の「押し安値？」までの幅をレンジの塊として考え、その次の安値をエリアとして捉え、押し安値と判断します（画像の「このあたりをエリアで見る」という部分）。

　次に、**戻り高値がどこにあるか**を図1-14で見ていくと、途中で少し揉み合っている部分があり、陰線や陽線が複数本あるため戻り高値のようにも見えます。しかし、揉み合いの形がずっと高値を切り下げており、水平線を引きにくいため、この部分は戻り高値とは判断しません。ただし、揉み合いの事実があるため、**より下位足で見ると戻り高値と判断できる場合もある**と考えます。

　そのため、自分の中では下目線と考えつつ、上目線と判断して買っている人も一定数いるので、エントリーを見送る状態（待つ相場環境）となります。この時点で、**短期的に買っている人の損切りがどこに置かれているか**、また、**短期的な上昇トレンドが崩れるポイント**を追いかけながら、売りのエントリーポイントを探ります。

　本書の後半で、いろいろな場面に関する問題を出題しますので、そこでもさらに理解を深めていただければ幸いです。

1-6 まずはココだけでOK 水平線のポイント5つ

水平線を引く場所は基本的に、下記の通りです。

> ①何度も反応している高安値
> ②キリ番
> ③レジスタンスラインがサポートラインになった部分
> 　（レジサポ転換ライン。逆ならサポレジ転換ライン）
> ④急騰急落の起点になったライン
> ⑤押し安値・戻り高値

　他にもダブルトップや三尊といったチャートパターンのネックラインなど、水平線はどこにでも引ける上に、どこに引いてもある程度は反応します。しかし、**引けるからといってラインを引き過ぎると、エントリーしたときにすぐ目の前に壁があるように感じてしまい、小さな逆行に耐えられずにチキン利食いになりがち**です。

　水平線の引き方には様々なパターンがありますが、デイトレードではその日その日の価格水準が高いか安いかを判断する必要があるため、「押し安値や戻り高値」「レジサポ転換ライン」を意識することでリアルで反応するラインが引けるようになります。

　まずはダウ理論に沿って押し安値・戻り高値にラインを引く習慣をつけていきましょう！

意識されるラインを見極める！
効果的な水平線の引き方

それぞれのラインについて説明します。

①何度も反応している高安値

何度も反応している最安値にラインを引いてみると、その後反応してくることがわかります。何度も反応するということは、ローソク足が一定の価格帯で揉み合う事実があり、上位足でも高安値として認識されやすく、将来的にも反応しやすいラインとなります。

今まさに揉み合っている部分には水平線を引いておくと、近い将来反応するラインが見えてきます（図1-15）。

②キリ番

キリ番、いわゆるラウンドナンバーは、どの時間足でも共通認識される"意識されやすい"数字です。たとえばドル円の150.00のように、小数点以下が0となっている「キリのいい数字」は、エントリーや損切り、利益確定の基準になりやすく、多くのトレーダーがここを見ています。

こういったキリ番にはオプション取引の権利行使価格も設定されてい

ることが多く、心理的な要因でもエントリー、損切り、利益確定の注文が入る目安となり反応しやすくなります（図1-16）。

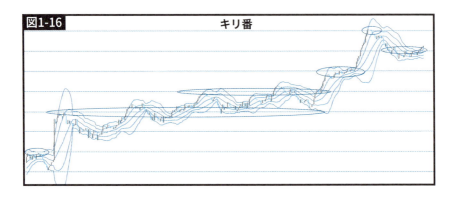

③レジスタンスラインがサポートラインになった部分

　いわゆるレジサポ転換ラインは、何度も反応している高値や安値と似ていますが、過去に何度もサポート・レジスタンスとして反応しているラインは、「転換した価格帯」として将来的に反応する可能性が高くなります。ここでも大きな時間足で広い視点を持ち、「レジサポ転換ライン+高安値」にしっかりラインを引いておきましょう（図1-17）。

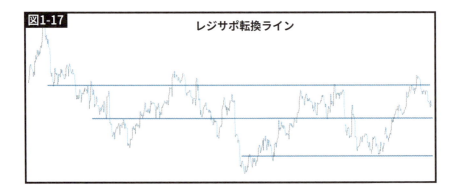

④急騰急落の起点になったライン

　急騰急落の起点ラインは、大きな値動きが始まった「スタート地点」ともいえるラインです。このラインが生まれるきっかけは、経済指標の発表や、新規注文と損切り注文が集中したタイミングだったりと要因は様々です。しかし、大きく動いたということは、その価格に多くの需要が集中したことを示しており、**今後も意識されやすい価格帯**として機能します。

　たとえば、急騰が起きた場合、その起点ラインで買いポジションを持っている人にとっては、ラインより上なら含み益が増え、逆に下がると含み損が発生します。反対に、そのラインで売りポジションを持ったものの損切りせずに残っている人にとっても、価格が再度起点まで下がると含み損がゼロに戻るので、決済してポジションを手放したくなる心理が働きます。

　このように、**急騰後に高い位置で売っている人がいる場合には、直近の安値が「利益確定ポイント」として意識される**など、需給のバランスが崩れるタイミングで反応が見られやすいです。実際の相場を見ながら、どこでこのようなポイントが形成されているか、需給バランスが変わる地点を意識してみましょう（図1-18）。

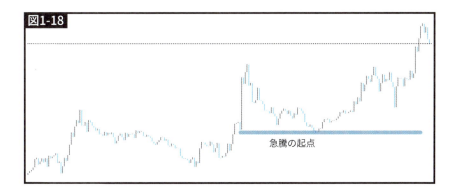

⑤押し安値・戻り高値

　押し安値・戻り高値は、先ほどのダウ理論に基づいたもので、上昇トレンドが継続するのか転換するのか、下降トレンドが継続するのか転換するのか、といった**「売り買いの戦い」が起こりやすい場所**です。このラインを意識することで、トレンドの転換点を見極めやすくなります。

　たとえば、図1-19のように下降トレンドが発生した後、最安値をつけ、そこから戻り高値を超えて上目線に切り替わった場合、その高値に対して押し安値をエリアで捉えると、上目線が継続しながら高値更新しているのが確認できます。もしこの大枠が下降トレンドなら戻り売りを狙う局面で、短期的な押し安値を下抜けると、そこがサポレジ転換ラインとして機能し、大枠と方向感が一致しているのがわかるかと思います。

　よく「ブレイク後は戻りを待て」と言われますが、短期の目線が崩れて上位足の方向と一致した後に調整が入れば、押し安値・戻り高値ラインが効くことが多いので、各時間足で目線をつけ**「大きな流れと小さな流れが一致した後の値動き」**を意識して観察することが重要です。

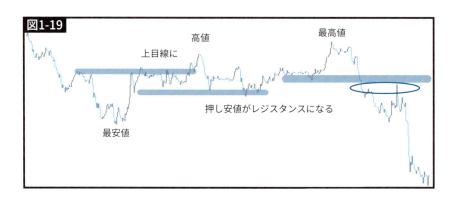

1-7 頼りになる相棒 インジケーターの使い方

　インジケーターは、チャート上に表示させて分析をサポートするツールです。大きく分けると、**トレンド系**と**オシレーター系**の２種類がありエントリーや利益確定などのサインを見つけるために使用されることが多いです。インジケーターはローソク足の終値から計算されるため後付けとなりますが、相場のトレンド方向が捉えやすくなるため、使用をおすすめします。

　ただし、インジケーターをたくさん表示させると、どれもエントリーサインに見えてしまったり、無駄にエントリーポイントを探してしまうことがあります。そのため、**初心者の方は有名なインジケーターを１つだけに絞って表示させるなど、表示し過ぎないように注意が必要**です。

トレンド系インジケーターの使い方と相場の方向感を読む方法

　トレンド系インジケーターには、移動平均線、ボリンジャーバンド、一目均衡表、GMMA、パラボリックなどがあり、これらは相場の方向感を読み取るために使用します。トレンドフォローをするためには、トレンドの方向を正しく読み取る必要がありますが、ダウ理論などの目線が苦手な場合でも、「インジケーターの傾き」に注目し、その方向に沿ってポジションを取ることで、**無駄な逆張りを防ぐことができます。**

　たとえば、移動平均線（MA）の場合、傾きによってその期間の平均価格の推移がわかります。傾きが上向きであれば、相場は買いが優位な

状態を示しており、その期間で買われていることがわかります。逆に下向きであれば、売られていることがわかるので、傾きがあるときは、その方向に乗ることを意識し、逆らわないように注意しましょう。傾きがない場合は、方向感がない状態なので、基本的には待つ相場と考えましょう。

　上位足のインジケーターに傾きがある状態で、下位足の傾きが変化し始めたタイミングでエントリーを考えると、トレンド方向に乗りやすくなるので、覚えておいてください（図1-20）。

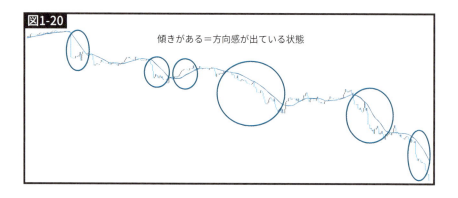

図1-20
傾きがある＝方向感が出ている状態

　オシレーターは振り子のように動くことから名前がついており、**レンジ相場での過熱感を把握するために使用**します。基本的に**「逆張り」で使われることが一般的**です。FX相場ではトレンドが約3割、レンジが約7割を占めるため、オシレーターを使うことでレンジ相場を有効に分析できます。

オシレーター系インジケーターで捉える！逆張りエントリーの基本

　オシレーター系インジケーターには、**RSI**（相対力指数）、**RCI**（順位相

関指数)、**ストキャスティクス**などがあり、他にも様々な種類があります。一般的に、オシレーターの基本的な使い方としては、買われ過ぎたら売り、売られ過ぎたら買いとされていますが、注意点があり、そもそも逆張りには大きく分けて２パターンあります。

> レンジ相場のときの逆張り
> トレンド相場のときの逆張り

　レンジ相場の場合、レンジの上限付近で買われ過ぎていれば売り、レンジの下限付近で売られ過ぎていれば買いという形になります。図1-21のように、**方向感がはっきりしないときにはオシレーター系インジケーターが比較的有効**です。この使い方を意識することで、過熱感を捉えた逆張りエントリーが可能になります。

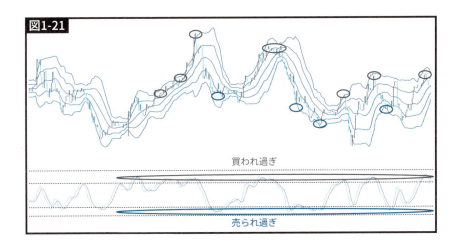

図1-21

　大枠が上昇トレンドの場合、押し目部分で売られ過ぎたら買い、逆に下降トレンドでは、戻り目部分で買われ過ぎたら売るのが基本です。このように、**トレンド方向に沿った逆張りを意識することが大切**です（図

1-22)。

　しかし失敗している方は、押し目部分なのに買われ過ぎから売ったり、戻り目部分なのに売られ過ぎから買うなどトレンド方向を無視した逆張りをしがちで、リスクが高くなります。トレンド方向に沿った戦略を立てることが重要なので、方向感を無視した逆張りは避け、トレンドの流れに沿った押し目買い・戻り売りを心がけることで、より安定したトレードが可能になります。

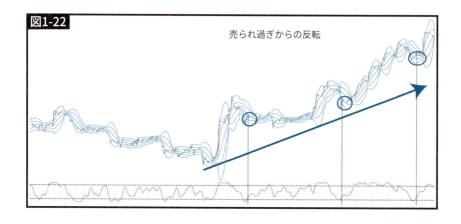
図1-22　売られ過ぎからの反転

　ただ、実際にはレンジ相場でもトレンド相場でも、逆張りでのエントリーは、落ちている状況で買う、上がっている状況で売るものです。そのため、まだ上がる可能性が高いときに売って、まだ下がる可能性が高いときに買ってしまうという結果になり、一時的には逆行しやすく、含み損を抱えることが多くなります。そのため、**マイナスの時間が長くなったり、勝率が落ちることで感情的になってしまう可能性**もありますので、慎重に行動しましょう。

　一方、**勝率が落ちる代わりに、損切り幅は狭くできるので、リスクリワードは改善**できます。逆張りのパターンとしては、次の２つのアプローチが考えられます。

> ①逆行したタイミングで即損切りし、次のポジションをすぐに取れる状態を維持する。勝率の低下を気にせず、リワードを追い求める。
> ②次のラインまで損切り幅にゆとりを持ってポジションを複数に分散させることで平均価格を操作し、リスクリワードを改善させ、勝率とのバランスを取る。

　いずれにしても、**損失を第一に考えることが重要**です。たとえば、レンジ下限で買う場合、上がる可能性が高いと考えても、エントリーした時点の安値を下抜けたら損切りし、下げ止まるのを待ってから再度エントリーする戦略が取れます。ナンピンをする場合は、次の安値帯を最終的な損切りラインとして設定し、そこまで逆行したときの最大損切り額（損切り％）などを決めてポジションを分散させると、リスク管理がしやすくなります。

逆張りリスクを回避！　順張りの強みとトレンド系インジケーター活用法

　僕自身は、オシレーターを逆張りには使いません。僕のルールは順張りなので、オシレーターが反転した後のローソク足の動きを見てエントリーします。上昇トレンドの場合は、買い方向だけを狙いますが、オシレーターが売られ過ぎから反転した時点ではまだ価格が下がっていることが多く、売られ過ぎている安値を作った起点の高値を上に抜けるタイミングでエントリーします（図1-23）。このタイミングでは、トレンド系インジケーターも上向き（ボリンジャーバンドならバンドが拡大、エクスパンションする）となり、大枠の順張りに対して下位足でも順張りになります。
　逆張りでエントリーするよりも逆行のリスクを下げられるので、僕は

こちらの方法を好んで使用しています。

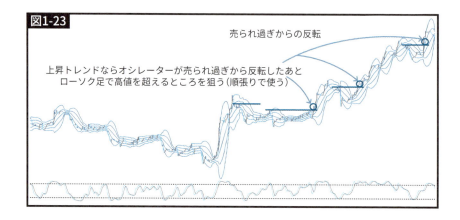

図1-23
売られ過ぎからの反転
上昇トレンドならオシレーターが売られ過ぎから反転したあと
ローソク足で高値を超えるところを狙う(順張りで使う)

オシレーターを見る際には、買われ過ぎや売られ過ぎの状態だけでなく、**ダイバージェンス**や**ヒドゥンダイバージェンス**も重要なシグナルとして活用できます。

> ・**ダイバージェンス**：トレンド転換の可能性を示唆するもの（買いが強い場合ならローソク足は高値更新しながらも、オシレーターは切り下げる。売りが強い場合は逆）。上位足が上昇トレンドなら、押し目部分でこのシグナルが出現することで短期トレンド転換の兆しを捉え、押し目買いできます。
> ・**ヒドゥンダイバージェンス**：トレンド継続を示唆するもの（買いが強い場合ならローソク足は安値を切り上げながらもオシレーターは切り下げる。売りが強い場合は逆）。ダイバージェンスは上昇トレンド中なら高値を追いかけるが、ヒドゥンダイバージェンスは安値を追いかける。

たとえば、相場環境が上昇トレンドなら押し目で売られ過ぎを確認。

ローソク足は安値更新していてもオシレーターが切り上がってきているならトレンド転換の予兆(買いの予兆)と捉え押し目買いを検討することができます。

さらに、オシレーターがダイバージェンスを形成している状況で短期的な戻り高値を超えると、上目線+ダイバージェンス+ボリンジャーバンドが拡大+MAの傾きが上向きなど、上昇の方向感が強まっているのを感じ取れるようになります。このタイミングで、逆張り売りをしているトレーダーなどの損切りを巻き込み、さらに買い方向へ進むことがあります。

また、ヒドゥンダイバージェンスが確認できる場合、上目線のまま安値を切り上げ、オシレーターが切り下げることで、買い方向の強さがさらに強化され、トレンドの継続が示唆されます。

ダイバージェンスやヒドゥンダイバージェンスを探す際には、無理にシグナルを探すのではなく、**まずはダウ理論に基づいた現在のトレンド方向を理解し、その方向に沿ったトレンド転換やトレンド継続のサインを探すことが重要**です。トレンドの流れを理解した上で、オシレーターのシグナルを活用することで、エントリーの精度を高めることができます(図1-24)。

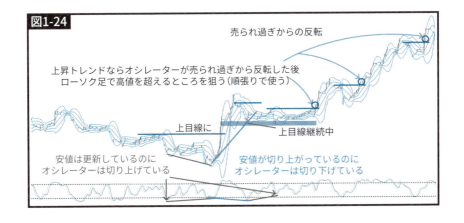

1-8 マネするだけでOK インジケーターのおすすめ設定

　FXを始めたばかりのときは、どのインジケーターを使うか、どの期間設定が最適か、などに迷いがちです。

「移動平均線はSMAよりEMAが良い」「期間は20より21の方が良い」「200MAを使うべき」「一目均衡表が良い」など、細かな設定に気を取られるかもしれませんが、**インジケーターは定規や角度計などと同じで、相場を分析するための道具の1つ**に過ぎません。

　たとえば、「1mの距離を測ってください」と言われた場合、あなたはどう測りますか？　大股で1歩ぐらい？　30cmの定規？　1mの柔らかいメジャー？　それとも硬いメジャー？　測定に使う道具は様々で、それぞれに速さや正確さ、柔軟さの違いがあります。これは、何を使うかよりも「何を見たいか」が重要だということです。

Kouおすすめのインジケーター

　僕のおすすめは、**トレンド系インジケーターにボリンジャーバンド（期間20，±1σ，±2σ）を、オシレーター系にはストキャスティクス（K:20、D:5、Smooth:5）を使用**することです。

　ボリンジャーバンドは移動平均線に標準偏差を加えたもので、基本的にはトレンドの方向感を把握するために使います。また、標準偏差によって、平均値とのバラつきの大きさからボラティリティを読み取ることもできます。

　図1-25のように、ミドルライン（単純移動平均線）に傾きがあれば、方

向感が出ている状態であり、横ばいの場合は方向感がない状態だとわかります。さらに、標準偏差を確認することで、次の4つの状態が判別できます。

1. 方向感もボラティリティもある
2. 方向感はあるが、ボラティリティがない
3. 方向感はないが、ボラティリティはある
4. 方向感もボラティリティもない

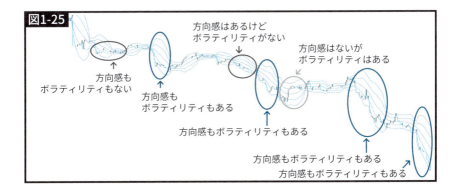

図1-25

基本的に、**移動平均線に傾きがあってボラティリティがあるようなトレンドが明確なときの方がトレンドフォローをしやすいので利益を出しやすい相場**となります。また、方向感がないのがわかればオシレーターを使う場面もわかるのでオシレーターとの相性もいいです。

1-9 グランビルの法則で「8つの売買サイン」を見極める

　グランビルの法則は移動平均線の傾きや乖離から売買のタイミングを判断するもので8つのパターンに分類されます。ここでは、基本的なポイントを振り返りましょう（図1-26）。

買いサイン
1. 買い①：移動平均線が水平からやや上に向かっているときに、ローソク足が移動平均線を上抜けた場合
2. 買い②：移動平均線が上向いているときに、ローソク足が移動平均線を上抜けた場合
3. 買い③：移動平均線が上向いているときに、ローソク足が移動平均線を下抜けずに反発上昇した場合
4. 買い④：移動平均線から大きく下に乖離したとき

売りサイン
1. 売り①：移動平均線が水平からやや下向きで、ローソク足が移動平均線を下抜けた場合
2. 売り②：移動平均線が下向いているときに、ローソク足が移動平均線を下抜けた場合
3. 売り③：移動平均線が下向いているときに、ローソク足が移動平均線を上抜けることなく反発下落した場合
4. 売り④：移動平均線から大きく上に乖離したとき

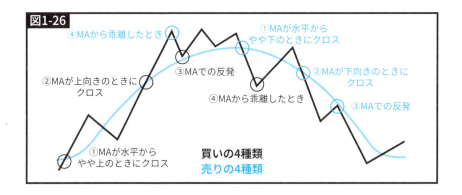

ただし、これだけ見ると結果論的な部分も多く、実際には「反発してから」でなければ判断できないし、移動平均線にタッチせずにトレンドが発生・継続することもよくあります。

トレードルールの軸「8つのパターン」を覚えよう

　僕もFXを始めたころは、ダウ理論やグランビルの法則は後付けなので実際のトレードには使えないと感じていました。しかし、**今では結局それが僕のトレードの軸になっています**。具体的なトレードルールについては後ほど詳しくお伝えしますので、まずはこれら8つのパターンを覚えてください。

　また、移動平均線から大きく乖離している場合は、傾きに対して反対のポジションとなるため、リスクが高くなりやすく、基本的に手を出さないように気をつけましょう。重要なのは、移動平均線の傾きに沿ったポジションを取ることです。

1-10 トレンドの把握を誤ると順張りも逆張りもできない

　一般的に、順張りはトレンド相場、逆張りはレンジ相場に適用されると言われますが、**実際にはトレンドの中にもレンジが含まれることがあり、逆にレンジ相場にもトレンドのような動きが見られることもある**ため、これはあくまで一般論に過ぎません。

　逆張りと聞くと「落ちたナイフを拾う」といった危険なイメージを持つかもしれませんが、トレードの基本はトレンドフォローです。正しい逆張りの使い方は、トレンド中の押し目や戻り目で早めにポジションを仕込むことです。本来の**順張り方向にポジションを持つことが逆張りの正しい形**です。

順張りを前提にした正しい逆張り戦略

　「上がったから売る」「下がったから買う」といった単純な形にとらわれると、方向感を無視した逆張りになってしまいますので、**正しい逆張りを行うためには、まずトレンドの方向（順張り方向）を把握することが大切**です。

　これを正しく理解するためにも、ダウ理論を使って相場の目線を確認する習慣をつけましょう。図1-27、28のように、下降トレンドのときに買いポジションを持つのは、方向感を無視した逆張りになります。ただし、売る方が良いとしても、上がっているときに売ると目先の方向性を無視した逆張りとなるため、上昇が止まるのを確認してから売ることが重要です。

図1-27

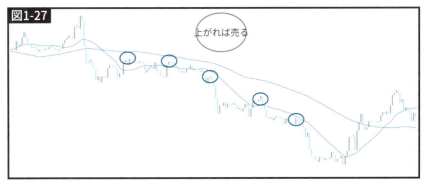

上がれば売る

図1-28

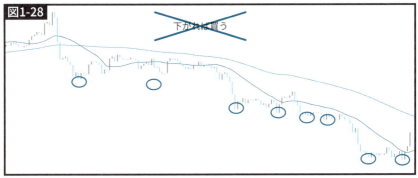

下がれば買う

逆張りをする前に、トレンドの方向（順張り方向）をきちんと掴む必要があります。

[1章] 勝ち筋が見えてくる「神トレード」の本質的知識

1-11 超シンプルにエリオット波動を捉える方法

　エリオット波動は、ラルフ・ネルソン・エリオット氏が提唱した分析理論です。細かく解説すると1冊ではまとめ切れないので、今回はエリオット波動の中で僕が大切にしていることをお伝えします。

　波動と聞くと難しそうに感じるかもしれませんが、「5波動で推進して3波動で修正する」「それらが重なってフラクタル構造になる」「波のパターンが5つの基本波形で形成される」というものとなります。

　「5波動で推進して3波動で修正する」というものは非常に有名で、図1-29のように上昇トレンドなら1〜5波で上昇して、A〜C波で修正されるというものです。**1つ大きな波と同じ方向に進むものはアクション波**で**反対方向に進むものはリアクション波**と言われます（図1-31）。

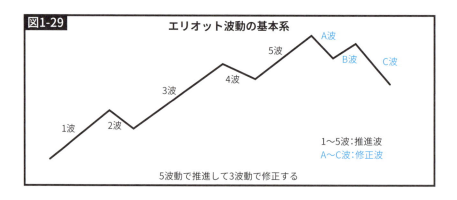

　また図1-30のように、このような波形の重なりによってフラクタル構造が形成されるので、短期的にトレンドが出たのを確認してからその後

の3波を狙うことで1つ大きな波の中の3波を狙うことができます。

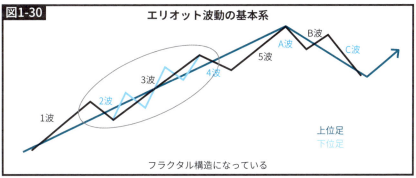

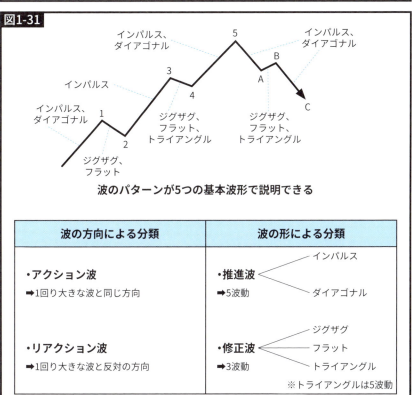

インパルスには次の3つのルールがあります。

> ① 2波は1波の始点を割り込まない
> ② 1波、3波、5波の中で3波が一番小さくなることはない
> ③ 4波は1波に重ならない

　1波はまだ本物になるかどうかわからないから触らないというのはこのルールに沿っていて、1波を確認した後、1波の始点を割り込まないなら3波が来るかな？　という想定で狙い、割り込むならインパルスではないと考えます。

　このとき、2波が1波の半分ほどの押しや戻しであれば波の形としても綺麗でその後の上昇や下落を狙いやすくなります。

　半値戻しについては、一目均衡表の各線、フィボナッチリトレースメントの50％を使えばわかりやすいので試してみてください。

エリオット波動をシンプルに捉える方法

　いろいろな名前が出てきて難しく感じたかもしれませんが、僕のエリオット波動の捉え方は「**目線の切り替わりはすべてどこかの1波に相当する**」と考えて見ていきます。

　フラクタル構造なので、推進波の中にも1波はあるし修正波の中にも1波があります。ですので切り替わり部分を1波と仮定して、そのときの上位足の目線や移動平均線の傾き、ローソク足の位置（乖離）などから、次にどのサイズの3波を狙えそうなのかを考えていきます。

　1波を捉えられるようになるためにも、繰り返しになりますが押し安値・戻り高値がどこかを見る基準を持てると短期的な目線の切り替わりに気付け、さらに上位足の方向感もわかります。シンプルに上位足が下降トレンド中なら、**短期足の目線が上になるのを待って、上から下に**

また切り替わった後の動きを追っていけば自然と3波を狙えるようになります（図1-32）。

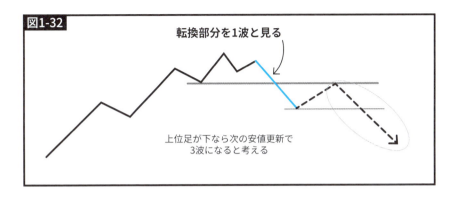

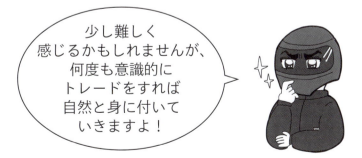

1-12 エントリーの根拠と損切りのタイミングはセットで考える

初心者にとって心理的な負荷が大きく、大切だとわかっていてもできないことは何でしょうか？　損失を確定させること（損切り）です。FXはレバレッジが高いため、**損切りができないと一気にお金が減ってしまう**ので、必ずできるようになりましょう！

何度も言いますが、FXは勝ち負けではなく、お金を増やすことが目的です。**増やすことと同じかそれ以上に「損失を限定すること」が大切**です。

損切りの基本はエントリーの根拠が崩れたところで決済

損切りできない人の特徴として、損切りしなくて助かったことがある人、ナンピンして爆益を経験した人、損切りした後に狙った方向に動くことが多い人など、一時的にでも資金が増えた人といった方々は損切りできない傾向があります。

他にも、1つのポジションに執着している人はプロスペクト理論に影響され、利益を求めて損失を受け入れられなかったり、損失を取り返そうとしてさらに損失を大きくしてしまったりします。

基本的な損切りの置き方は「**エントリーの根拠が崩れたところ**」です。エントリーする理由があるからこそ、否定されたところで損切りしないとトレードとして成り立ちません。たとえば、上昇中のグランビルの法則で、**移動平均線に支えられると考えたのであれば支えられずに下抜けた場合、反発しなかった事実で損切り**します。レンジの上ブレイクでト

レンドが発生すると考えたのであれば、**レンジの反対側を下抜けてトレンドが発生しなかった事実で損切り**します（図1-33）。

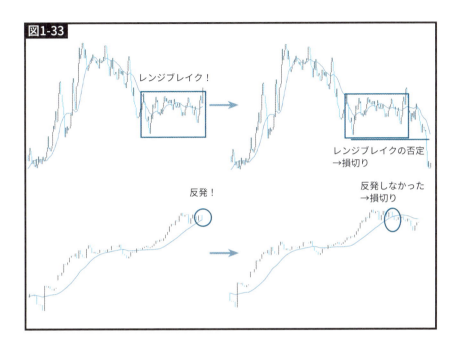

エントリーと損切りはセット！
明確な根拠で損切りを決断

このようにエントリーする理由があるから損切りをするので、エントリーと損切りはセットになります。そのため、**エントリーする理由をはっきり説明できない場合はトレードではなくギャンブルになってしまう**ので、根拠を言語化できるようにしていきましょう。

損切りと言われると、もったいないと感じるかもしれませんが、決済したタイミングで損失が出ていただけで、利益が出ているタイミングなら利益確定になります。損得ではなく、「決済」と考え、損切りを将来

の利益のための必要経費として捉えられるようにしていきましょう。
　ただ、損切りすることは傷口を広げないために大切ですが、たとえば損切り幅を極端に狭くしたり、小さな固定pipsで損切りなどを繰り返すと、勝率が著しく落ちるなど損切り貧乏になってしまいます。正しい損切りを行うために、今のボラティリティを無視しないように気を付けてくださいね。

トレード根拠を守り抜く！損切り位置をブレさせない方法

　危険なのは、方向感がある程度当たるようになってきて自信がついてくると、「連敗し始めたとき」「思ったより損失が大きくなってきたとき」などに一気にブレる可能性があることです。
　損切りの大切さをわかっているはずなのに、ついズラしてしまうとか、「勝率が高いから損切りを置かなくていいや」といった雑なことをしてしまうと、メンタル的にキツくなります。
　損失をできる限り小さくしつつ利益を伸ばすために損切り位置をトレールしていく場合も、トレードの根拠と同じように、ダウなら高安値を更新してから、レンジブレイクならまたレンジができてから、バンドウォークならローソク足の確定ごとなどでズラしていきます。

損切りと利益確定のバランスを取るための心構え

　決済方法は非常に難しく、たとえば細かくトレールする場合なら、ストップに引っかかりやすく、「トレールしていなければ十分な利益が出ていたはずなのに」というパターンや「たまにトレンドの端から端まで取れて、ありえないぐらいリスクリワードが良い」というパターンなどがあります。

逆にトレールしなかった場合なら「利益確定してからまだまだ伸びてしまった」というパターンや、「ピンポイントでうまく利益確定できた」というパターンなどがあります。

　このように、**どんな方法でもメリット・デメリットは存在**します。たとえば、移動平均線とクロスした瞬間に決済をすると微益や微損で終わり、その後に大きく伸びることがあります。逆に、クロスの確定を待っていたら価格が大きく逆行してしまうこともあります。うまくいくときもあれば、まったく合わないときもあるので、「この方法で損切りを小さくできた」「この方法なら損切りにかからなかった」といった後付けの理由で判断するのは避けましょう。

　今行っている決済方法のメリット・デメリットをしっかり理解し、平均点を取るのか、最高点を狙いながらも赤点を取る覚悟で進めるのか、どちらが自分にとって続けやすい方法かを見つけていきましょう。

　とにかく、損切りはエントリーの根拠に基づいて決めることを忘れないようにしましょう。

大事なお金を守るためには、損切りの判断を「明確な根拠の下で」行えるかが重要です！

1-13 時間足の固定と時間足の形波を捉える2つのコツ

　トレンドフォローをしようと思っていても、たとえばグランビルの法則を根拠に20MAでエントリーし、次は80MAでエントリー、次は200MAでエントリーなどというやり方をしていませんか？
　実際、どの時間軸のトレンドでも有効ですが、波のサイズが異なります。
　短期・中期・長期では、動きの重さや押し戻しの深さ、値幅などが異なるため、短期狙いなら短期決済、中期狙いなら中期決済というように、**狙うサイズを決めておかないと、含み損になった際に切れなくなったり、トレードの軸そのものがブレやすくなります。**
　基本的に長期は動きがゆったりで、短期は軽く俊敏であるため、長期の波を狙うのに短期と同じようにMAタッチでエントリーすると、損切りにかかってから伸びたり、なかなか動き出さずにポジションを保有し続けるのが怖くなったりします。
　普段は短期のMAでトレードしているのに、形だけ見て「今回はもう少しゆったり目に中期で狙ってみよう」と考えることがあっても、**どんな相場でも無理に狙うべきではない**ことに留意してください。
　様々な相場で利益を出そうとして、目線が切り替わるタイミングに飛び乗ったり、レンジブレイクに飛び乗っても勝ったり、全然ダメだったりします。だからといって戻しを待つと今度は乗れなかったりすることも多々あります。
　大切なことなので何度もお伝えしますが、下位足ほど動きが軽く、上位足ほど動きが重いので、上位足の波を狙っているなら、短期の目線が

切り替わった瞬間に飛び乗っても騙しになることが多いなど、波のサイズによる動きの重さを理解するために普段から狙う場所や時間足を意識しておきましょう！（図1-34）

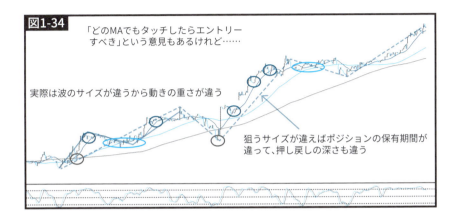

マルチタイムフレーム分析で狙う場所を特定

　狙っている波の動きの癖が掴めれば、短期的な動きに飛び乗って細かく利益を出したり、動いた後の戻しを落ち着いて待ったりできるようになります。

　波を捉えるには2つの方法があります。1つ目は**時間足を固定する**ことです。たとえば、4時間足レベルのトレンドを狙うなら、4時間足をメインに見て、1時間足レベルのトレンドを狙うなら、1時間足をメインに見ていきます。このように、見る時間軸を決めておくことで、見るサイズが安定し、狙いも安定します。

　2つ目は**形の綺麗な時間足を見る**ことです。たとえば、日足が汚くても、1時間足が綺麗であれば、1時間足〜15分足レベルの短期的なトレンドを狙います。逆に、日足が綺麗で1時間足が汚いなら、日足のトレンドに対する中段持ち合いと考え、ゆったりと日足方向のトレンドを狙

います。

　このように、マルチタイムフレーム分析を行い、現在の相場環境を見て狙う場所を決めることができます。相場がどのような状況かを読み取った上で、どのトレンドを狙うかを決定できると、スキャルピングでもデイトレードでもスイングでも柔軟に対応できるようになります。自分の生活リズムや性格に合ったスタイルを決めていきましょう。

　綺麗な形かどうかの判断は、縦と横のバランスをチェックすることでできます（図1-35）。

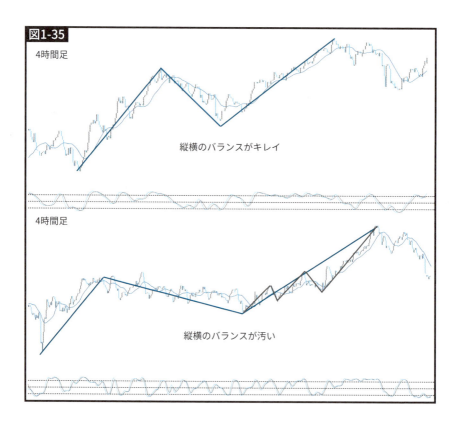

1-14 100％正解と言える利益確定は存在しない

　利益確定は非常に難しいものです。利確の方法は多岐にわたり、キリ番、水平線（レジスタンスライン、サポートライン、直近の高安値）、トレンドライン、チャネルライン、エントリー後の経過時間、特定の時刻での決済、インジケーター（MAのクロス、バンドウォーク終了など）、オシレーターの反転、ダイバージェンス、リスクリワード、エリオット波動、フィボナッチリトレースメント、値幅観測論、指標前、トレールなどが考えられます。

　多くの方法が存在しますが、**どの方法を選んでも必ずメリットとデメリットがあります。**

　そのため、「今回はこの方法を選べばトレンドをすべて取れていたな」や「今回は別の決済方法を選ぶべきだった」などと後付けで考えてしまうと、納得感のある利益確定ができなくなります。

　納得感が欠けると、たとえば「さっきまで〇万円のプラスだったのに！」と感情的になり、無駄なエントリーが増えるなどの原因となることで、結果的にトータルのリスクリワードが悪化することがあります。

リスクリワードとポジション保有時間のトレードオフ

　基本的に、値幅を取ってリスクリワードを高めたい場合、ポジションの保有時間が長くなります。一方で、勝率を高めたい場合は、狙う値幅を小さくする必要があり、その結果リスクリワードが小さくなることがあります。**勝率を高めつつリワードも大きくしたい場合、長期のトレン**

ドを短期的な反転からピンポイントで狙う必要があり、この場合はエントリー回数が極端に少なくなります。この点を忘れないようにしましょう。

　利確のコツは、現在のボラティリティを無視しないことです。たとえば、常に利確幅を100pipsに設定していても、損切り幅が前回の高安値などによって毎回異なる場合、ボラティリティが大きいと損切り幅は100pipsを超え、利確幅は100pipsでリスクリワードが悪くなることがあります。

　逆に、ボラティリティが小さいと損切り幅は狭くなりますが、相場の方向感がわからずノイズにより損切りになったり、100pipsを伸ばせない場合が多く、リスクリワードを高めたつもりでも勝率が著しく下がることがあります。相場のボラティリティを無視せず、損切り幅を見ながら利確目標を設定することが重要です。

リスク管理の視点から捉える
分割決済のメリットとデメリット

　分割決済については、多くのトレーダーが推奨していますが、これにもメリットとデメリットがあります。

　たとえば、含み益が出ている状態から損切りにかかる場合、通常なら全額が損失として計上されるところを、半分を利益確定し、残りを損切りすることで損失を相殺し、最終的に±0で終わらせることなどが可能です。

　一方で、利益確定の最終目標位置まで到達した際に途中で半分を決済してしまうと、本来得られるはずだった利益が少なくなるというデメリットもあります。

　たとえば、予定していた利益が100,000円だったところを、分割決済によって70,000円に減少した場合、「もっと利益を取れていたのに」と

後悔し、利益が欲しい気持ちが働いて再度ポジションを持ってしまうことがあります。このように、分割決済は損失を最小限に抑えるための有効な手段ではありますが、利益ばかりを追い求めてしまうと、逆にリスクを高める可能性もあります。

こういったメリットとデメリットを理解した上で自分のトレードスタイルやリスク許容度に応じて折り合いをつけることが重要です。完璧を追求するのではなく、「自分にとって納得のいく結果」を目指す姿勢が、長期的に利益を積み重ねる再現性を高めます。

資金を増やしていくためには、勝率とリスクリワードのバランスを取ることが不可欠です。分割決済の活用も含め、このバランスを保ちながら計画的にトレードを行うことで、リスクを抑えつつ安定した利益を目指すことができるでしょう。

「100％正解と言える利益確定は無い」と割り切ることで、感情的になることなくトレードできます。

1-15 実際どう利益確定する？

　利益確定の方法はたくさんある中で、僕は値幅観測論をメインに利益確定をしています。値幅観測論は「過去の値幅から未来の値幅を予測する理論」でN値、E値、V値、NT値があります（図1-36）。

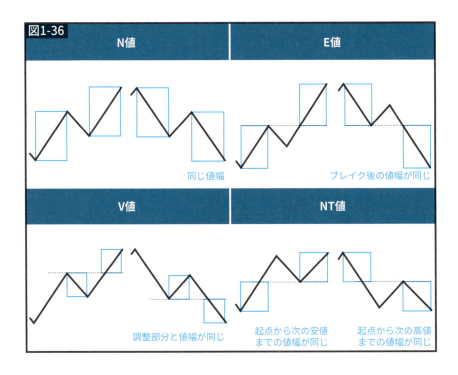

　この中で、N値とE値をメインに使用しています。重要なのは、次の4点です。

①トレンド内のレンジ
②トレンド内のトレンド
③レンジ内のレンジ
④レンジ内のトレンド

　相場環境がどうなっているのか、その中で**どの部分を切り取るかを考えることが非常に重要**です。これは、見ている波によって値幅が異なるためです。

　どのNを切り取るべきか、今回はE値なのかN値なのかなど、このあたりは波のサイズ感や波形認識を元に、相場の現在地を判断することが求められます。

トレンドのN値とレンジのE値

　僕は基本的に、トレンドの際には高安値を更新しながら価格が進んでいくため、N値を使い、ダブルトップや三尊などはネックラインから1:1で進む習性があるため、レンジの際にはチャートパターンやレンジブレイクでE値を使います。

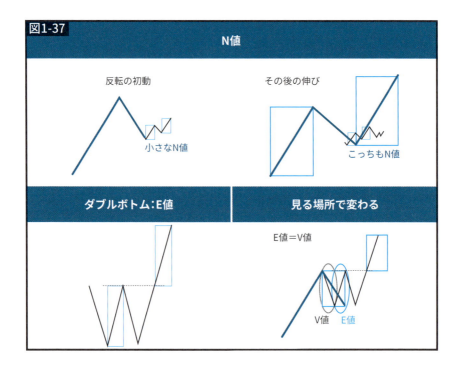

　実際のトレードでE値を使う場合、チャートパターンを見つけて、その後、ブレイクする位置から値幅を考えればいいですが、N値の場合「どこからNを捉えるのか？」と迷ったことはありませんか？　この点は、**下位足のダウの転換を参考にしましょう。**短期的なダウの転換があった場所を、Nの起点として予測し、そのNの値幅を基に利確目標を設定していきます。

　反転の初動のNと、その後の伸びのNでは、環境が異なります。目先の小さな値幅を狙うのであれば、反転初動のNを狙う方が現実的ですが、大きなNを狙うと、ポジションの保有時間が長くなり、勝率が落ちる可能性があります。どちらにしても、順張りの順張りを意識して、狙いたい方向に動き出してから考える方が安全なことが多いです（図1-37）。

3ステップでシンプルにトレード

　短期ダウの転換でNの起点を狙った場合、損切りにかかっても、それは転換の起点ではなかったというだけで問題ありません。たとえば、エリオット波動で3波が来ると予想してエントリーしても、損切りにかかれば3波が来なかっただけなので、想定が崩れたからといって「ダメだった！」と思う必要はありません。むしろ、想定が崩れることで横軸が伸びるため、縦横のバランスから、より大きな値幅に移行したと考え、次の再転換を待つのが得策です（図1-38）。

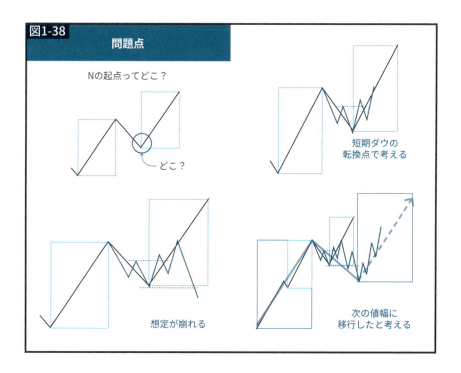

　具体的な値幅の見方としては、次の手順で進めていきます。

1. **動き出しの確認**：まず、相場がしっかり動いた事実を確認します。
2. **その後の持ち合いや短期ダウの転換を確認**：動きが落ち着いて持ち合いが発生したり、短期的なダウの転換が起こったりするかを待ちます。
3. **再転換や持ち合いの順張り方向へのブレイクでエントリー**：1のトレンドが継続すると想定して順張り方向にエントリーします。

　この3ステップでシンプルに進めます。目標値が予測できていれば、たとえ最初に乗り遅れても、まだ目標値に距離がある段階なら途中からのエントリーも可能です。逆に、目標値に近づいている場合は、たとえトレンドが継続していそうに見えても反転のリスクを考慮して、トレードを見送ることができます。

　特にトレンド継続のパターンでは、**N値を利確目標に設定することでリスクリワードが明確になります。**リスクリワードが見合わないと感じたらエントリーを控え、問題がないと判断した場合のみエントリーを繰り返すと良いでしょう。縦横のバランスから、持ち合いの期間を確認することで「そろそろ動き出しそうだな」と予測する目安になります。

　それでも損切りになることもありますが、その場合は横軸が伸び、より大きな波に移行したと考えましょう。次の値幅を狙って再び挑戦することで、トレードのチャンスはまだ続いていきます（図1-39）。

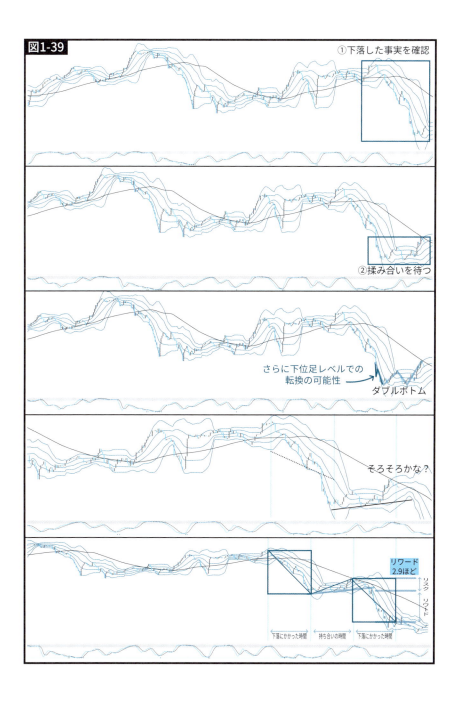

[1章] 勝ち筋が見えてくる「神トレード」の本質的知識

1章 まとめ

- ☑ **ダウ理論**で**トレンド方向を正しく理解**して縦横のバランスから切り取る波を考えてリスクリワードを読み取る

- ☑ マルチタイムフレーム分析で**相場の流れを立体的に読む**

- ☑ 順張りが基本。長期足の**大きな流れには逆らわない**ことが鉄則

- ☑ 逆張りしたくなったときこそ「**押し安値・戻り高値**」を冷静に見極める

- ☑ 水平線のポイントは5つだけ（①何度も反応している高安値、②キリ番、③レジスタンスラインがサポートラインになった部分、④急騰急落の起点になったライン、⑤押し安値・戻り高値）

- ☑ トレンド系インジケーターにボリンジャーバンド（**期間20、±1σ、±2σ**）を、オシレーター系にはストキャスティクス（**K:20、D: 5、Smooth: 5**）を使うのがおすすめ

- ☑ **グランビルの法則、エリオット波動、値幅観測論**などでトレードを組み立ててみよう

2章
形を見るだけで数秒後の動きが読める必勝チャートパターン

2-1 スマホの待ち受けにしよう チャートパターンまとめ

　チャートパターンは「**フォーメーション分析**」とも呼ばれ、**チャートに現れる形に基づいて、その後の値動きの方向性や動きの程度を予測する分析方法**です。「過去と比較しても意味がない！」と思うかもしれませんが、実際にはチャートパターンが相場の動きのきっかけになることが多くあります。ただし、単にチャートパターンを見つけたからといってすぐにトレードに活用すると、形に振り回されやすくなるため、パターンが「どんな相場環境のどの部分で出ているのか？」が重要で、形の意味を理解しながら活用するようにしましょう。

　チャートパターンは大きく分けて「**トレンド転換型**」と「**トレンド継続型**」の2種類があります。トレンド転換型は天井圏や底値圏で現れるもので、上昇トレンド中に出る場合は下降に転じる可能性があり、逆に下降トレンド中に出る場合は上昇に転じる可能性を示唆します。一方、トレンド継続型は上昇トレンド中の一時的なレンジから再び上昇するタイミングや、下降トレンド中の一時的なレンジから再び下落するタイミングに乗ることができるものです。

　これらのチャートパターンを活用するためには、**「今の相場環境」をダウ理論から読み解き、相場の現在地を把握することで、パターンに気付けるようになれます。**

　トレンド転換型とトレンド継続型の基本的な形については、図や実際のチャートを用いてまとめていきますので、まずは各パターンの形を覚えておいてください（図2-1）。

図2-1	ヘッド＆ショルダーズ	ダブル	トリプル	ソーサー
トレンド転換型	ヘッド＆ショルダーズ・トップ（三尊）	ダブルトップ	トリプルトップ	ソーサートップ
	ヘッド＆ショルダーズ・ボトム（逆三尊）	ダブルボトム	トリプルボトム	ソーサーボトム
トレンド継続型	アセンディングトライアングル	ディセンディングトライアングル		上昇フラッグ
	下降フラッグ	上昇ペナント		下降ペナント
	上昇ウェッジ	下降ウェッジ		レクタングル

[2章] 形を見るだけで数秒後の動きが読める必勝チャートパターン

2-2 これだけ覚えればOK① ～トレンド転換型チャートパターン～

①ダブルトップとダブルボトム

　ダブルトップは、同じ価格水準を2回つけた後に下落するパターンで、2つの山が形成されることからこの名がつけられています。反対に、**ダブルボトムは同じ価格水準で2回底を作り、その後上昇に転じるパターン**です。これらのパターンでは、ネックライン（2つの山または底の間のライン）を価格がブレイクしたタイミングがエントリーポイントとされています。値幅の目安としては、ネックラインを基準にして上下対称の1：1の動きを期待することが一般的です（図2-2）。

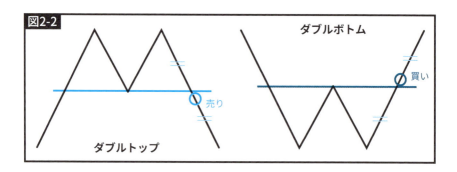

②トリプルトップとトリプルボトム

　トリプルトップと**トリプルボトム**は、ダブルトップ・ダブルボトムと同様に、**同じ価格水準に3回到達した後に反転するパターン**です。3つの山が形成されることから「トリプルトップ」、3つの谷が形成されることから「トリプルボトム」と呼ばれています。このパターンでも、ネ

ックライン（3つの山または谷の間のライン）を価格がブレイクするタイミングがエントリーポイントとなり、期待される値幅もネックラインを基準に上下対称の1：1の動きとなるのが一般的です（図2-3）。

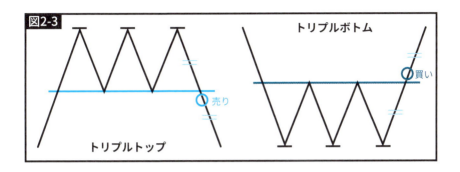

③三尊（ヘッド＆ショルダーズ・トップ）と逆三尊（ヘッド＆ショルダーズ・ボトム）

三尊（ヘッド＆ショルダーズ・トップ）は、中央に高い山（頭）があり、両サイドに低めの山（肩）が位置する形からその名がつけられています。反対に、**逆三尊（ヘッド＆ショルダーズ・ボトム）は中央に低い谷（頭）があり、両サイドに高めの谷（肩）が形成されるパターン**です。これらのパターンも、トリプルトップやトリプルボトムと同様に、ネックラインを価格がブレイクするタイミングがエントリーポイントとされています。

　三尊や逆三尊の場合、頭の部分で高値や安値が更新しているため、ネックラインを抜けることでダウ理論に基づく目線の転換が確認でき、ダブルトップ（トリプルトップ）やダブルボトム（トリプルボトム）よりもトレンド転換がわかりやすくなるのが特徴です。

　期待される値幅は、頭からネックラインまでの値幅を基準に1：1となります。損切り位置は肩に設定できるので、損切り幅が狭く、リスクリワードが改善されることから実用性も高いパターンです。しっかりと覚えておきましょう（図2-4）。

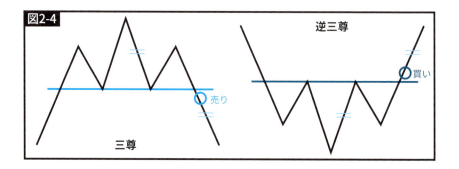

④ソーサーボトムとソーサートップ

　ソーサーボトムは安値圏で緩やかに揉み合ってから上昇に転じるパターンで、カップの受け皿のような形状からこの名前がつけられています。揉み合いの上限がネックラインとなり、価格がこのラインを突破するとエントリーが可能です。

　反対に、ソーサートップは高値圏で緩やかに揉み合った後、下落に転じるパターンで、カップの受け皿をひっくり返した形をしています。

　揉み合いの下限がネックラインとなり、価格がこのラインをブレイクすればエントリーポイントとされます。

　これらのパターンは形成に時間がかかり、ローソク足の本数が多くなるため、出現頻度は低いですが、上値が重い状態や底が堅い状態がわかりやすく、トレンドの転換ポイントを見極めやすくなります（図2-5）。

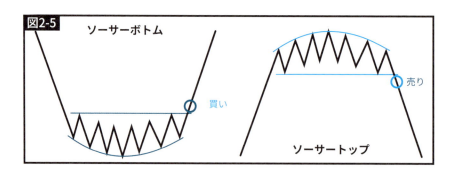

2-3 これだけ覚えればOK② 〜トレンド継続型チャートパターン〜

①アセンディングトライアングルとディセンディングトライアングル
　アセンディングトライアングルは、安値が切り上がる一方で、高値はほぼ同じ水準に留まるパターンです。この形状は、徐々に買いの圧力が強くなっている様子を示し、上方向にブレイクすることでトレンドが継続しやすく高値ブレイクがエントリーのサインとなります。
　ディセンディングトライアングルは、逆に高値が切り下がり、安値はほぼ同じ水準に留まるパターンです。徐々に売りの圧力が強くなっている様子を示し、下方向にブレイクすることでトレンドが継続しやすく、安値ブレイクがエントリーのサインとなります（図2-6）。

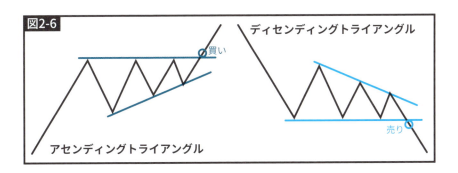

図2-6

②上昇レクタングル（上昇ボックス）と下降レクタングル（下降ボックス）
　上昇レクタングル（上昇ボックス）は、上昇トレンド中に価格が横ばいに揉み合うパターンです。このパターンでは、上昇トレンドの中段で価格が一定の範囲内で横ばいになり、ボックスの上限をブレイクするこ

とで上昇トレンドが継続しやすくなります。

下降レクタングル（下降ボックス）は、下落トレンド中に価格が横ばいに揉み合うパターンです。このパターンでは、下落トレンドの中段で価格が横ばいになり、ボックスの下限をブレイクすることで、下落トレンドが継続しやすくなります。どちらもボックスをブレイクしたタイミングでエントリーすることが一般的です（図2-7）。

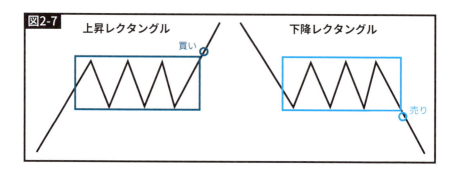

③上昇フラッグと下降フラッグ

上昇フラッグは、上昇トレンド中に高値が切り下がり、安値が更新されるパターンです。持ち合いが旗のように見えるのが特徴で、持ち合いの形が右下がり（下降トレンドラインが引ける）になるため、上にブレイクすることで上昇トレンドが継続しやすく、上ブレイクがエントリーサインとなります。

下降フラッグは、下降トレンド中に安値が切り上がり、高値が更新される形のパターンです。こちらも旗のように見える持ち合いが特徴で、持ち合いの形が右上がり（上昇トレンドラインが引ける）になるため、下にブレイクすると下降トレンドが再開しやすく、下ブレイクがエントリーサインとなります（図2-8）。

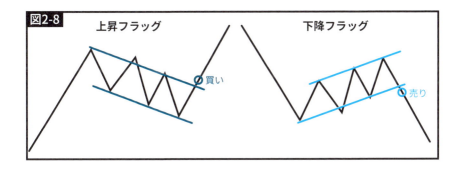

④ 上昇ペナントと下降ペナント

　上昇ペナントと下降ペナントは、いずれも高値が切り下がり、安値が切り上がる三角持ち合いのパターンです。トレンド継続型パターンとして、上昇ペナントは上昇トレンド中に持ち合いが発生し、上に抜けることで上昇が再開するとされています。同様に、下降ペナントは下降トレンド中に持ち合いが発生し、下に抜けることで下降が再開するものと考えられています（図2-9）。

　しかし、高安値が狭まる三角持ち合いは、レンジ内で方向感が明確ではないためマルチタイムフレーム分析を行い、より上位足の相場環境を確認しないと、形に乗っても騙されることが多くなるので注意が必要です。

　値幅については後述しますが、トレンド継続型の場合、上昇相場では持ち合いを上に抜けることで、同じ上昇幅が見込めるものとされています。

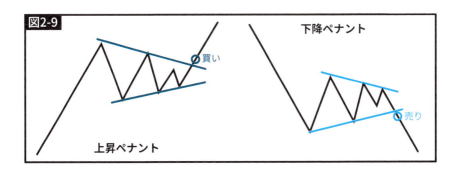

2-4 転換型？ 継続型？ ぶっちゃけどっちでもいい

　チャートパターンは転換型、継続型に分けられますが、実際のトレードではどの型かを気にする必要はありません。

　たとえば、三尊や逆三尊のようなトレンド転換型と呼ばれるパターンも、上昇トレンド中に逆三尊が出る場合は、トレンド→レンジ（逆三尊）→トレンドという流れでトレンド継続型になり、押し目（短期的な下降トレンド）に着目すると下降トレンドの終了として転換型になります。このように、見方によってパターンの解釈が変わります。

　大切なのは、形にこだわり過ぎないことです。トレードの基本は押し目買い・戻り売りなので、以下の流れを覚えましょう。

> 1. 上位足でトレンドを確認する
> 2. 下位足でレンジを確認する
> 3. そのレンジ内でチャートパターンを見つける

　この3つを意識するだけでチャートパターンをトレードに活かしやすくなります。

2-5 実際のチャートでチャートパターンを捉えてみよう

それでは、実際のチャートでチャートパターンを見てみましょう。

ダブルトップ

高値を2回つけた後、ネックラインを下に抜けて下落する形となります（図2-10）。

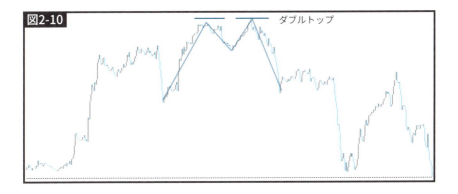

ダブルボトム

ダブルトップの反対で、安値を2回つけた後、ネックラインを上に抜けて上昇する形となります（図2-11）。

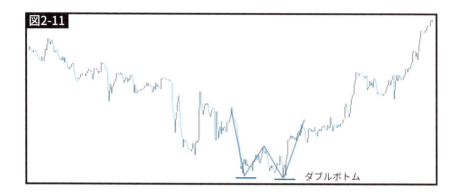

トリプルトップ

同じ価格帯の高値を3回つけた後、下にブレイクして下落する形となります(図2-12)。

トリプルボトム

同じ価格帯の安値を3回つけた後、上にブレイクして上昇する形となります(図2-13)。

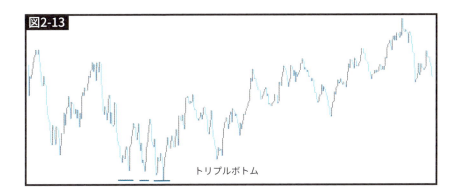

トリプルボトム

三尊

　肩の高さが違いますが、高値を更新して頭ができた後、ネックライン（押し安値）で揉み合って右肩が形成、ネックラインを下抜けることでダウ理論的にもトレンド転換となります（図2-14）。

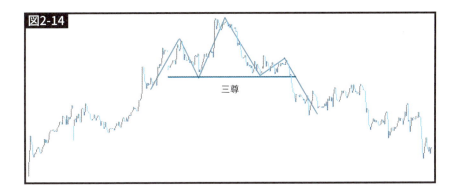

三尊

逆三尊

　安値を更新して下向きの頭ができた後、ネックライン（戻り高値）で揉み合って右肩が形成、ネックラインを上抜けることでトレンド転換となります（図2-15）。

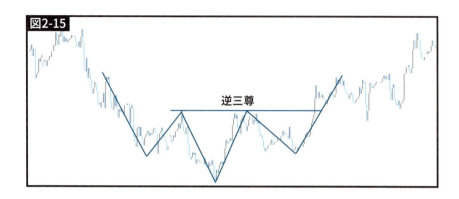

ソーサートップ／ソーサーボトム

　ソーサートップやソーサーボトムは、揉み合いが長時間続く緩やかな値動きが特徴的で、カップのような形となります。
　これらのパターンでは、ネックライン付近のブレイクがエントリーポイントとされていますが、その後も持ち合いが続きやすく、カップの持ち手部分（カップウィズハンドル）が現れることも多いため、持ち手部分のブレイクもエントリーポイントとされます（図2-16）。

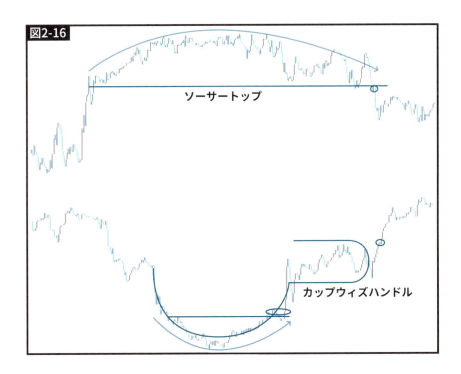

図2-16

ソーサートップ

カップウィズハンドル

アセンディングトライアングル

　アセンディングトライアングルは、揉み合いながら徐々に安値が切り上がることで、買い圧力が高まり、上ブレイクでトレンドが継続します。

　ブレイク前の上昇幅と同じ値幅が期待できるため、ターゲット設定に役立てることができます（図2-17）。

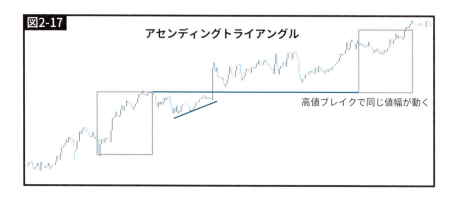

ディセンディングトライアングル

　ディセンディングトライアングルは、揉み合いながら徐々に高値が切り下がることで、売り圧力が高まり、下ブレイクでトレンドが継続します。こちらも同様に、ブレイク前の下落幅と同じ値幅が期待できるため、ターゲット設定に役立てることができます（図2-18）。

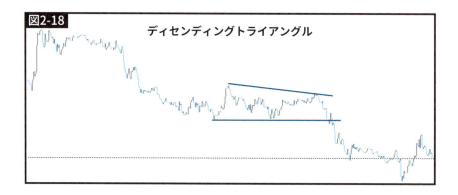

上昇フラッグ

　上昇トレンド中に、調整局面で高値を切り下げながら揉み合う形となります。高値切り下げラインを引いてブレイクすることで、上昇トレンドが継続します。持ち合いの形がフラッグ、ペナント、ウェッジなどに

よって異なりますが、基本的な考え方は「トレンド方向に対する短期的な逆トレンドの終了を狙う」というものです。ブレイク前の値幅と同じ値幅が期待できるため、ターゲット設定に役立てることができます（図2-19）。

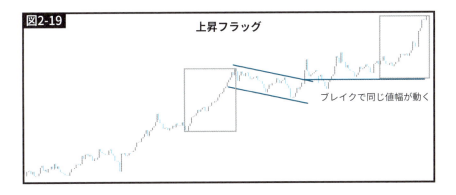

下降フラッグ

先ほどの逆で、下降トレンドの調整部分で出現します。下降に対して安値切り下げラインを引いてブレイクすることで下降トレンドが継続します（図2-20）。

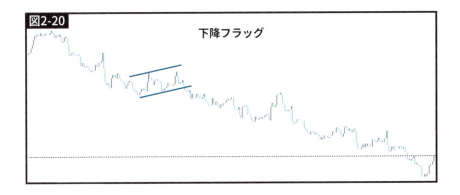

チャートパターンの活用例

　実際にチャートパターンを活用する際の一例を紹介します。**まず、トレンド方向を把握し、その後、下位足レベルで目線の切り替えを追いかけます**。たとえば、下降トレンド中であれば、短期的に上目線に切り替わるのを待ちます。短期的な目線が切り替わることで、戻り売りに狙いを切り替える人と、押し目買いを狙い続ける人がいるためレンジになる可能性が高くなります。

　この後、短期的な上目線に対する押し安値をチェックしながら値動きを追いかけると、揉み合いの中で安値を切り上げ、高値を切り下げる動きが見えてきます。ここで、三尊やペナント、ディセンディングトライアングルなどのチャートパターンが形成された後に下ブレイクが起きれば、「目線の再転換＋下に向かうチャートパターン」などによってトレンドが継続する可能性が高くなります（図2-21）。

　チャートパターンはその形を見ると、どちらに動きやすいかがわかりますが、重要なのはそのパターンがどこで出現するのかという点です。繰り返しにはなりますが、現在の相場環境をしっかり確認してから、パターンを活用することが大切です。

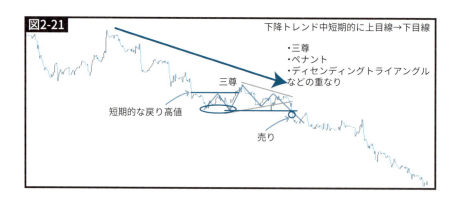

2-6 チャートパターン&トレンドが わからないときの奥義を伝授

　チャートパターンを見つけられない、と悩んでいませんか？　実際には完璧な形で現れることは少なく、どの要素に焦点を当てるかによって解釈が分かれます。

　特に、ダブルトップや三尊のようなパターンでは、肩の高さやローソク足の本数、横幅の微妙な違いなどが影響して迷うことがあるかと思います。

　また、相場はフラクタルであるため、同じパターンが異なる時間足で繰り返し現れ、その解釈が変わることが多いです。このため、パターンを追い過ぎると、逆に迷いや不確実性が増すことがあります（図2-22）。

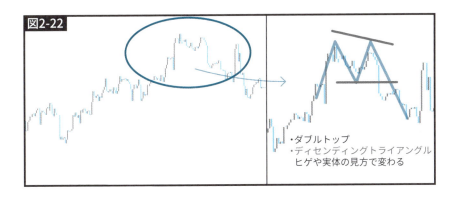

図2-22
- ダブルトップ
- ディセンディングトライアングル
ヒゲや実体の見方で変わる

形に固執せず全体のトレンドを把握する

　これを避けるためには、「形に固執しない」ことが重要です。パター

ンを見つけることが目的ではなく、相場のエネルギーの流れや全体的なトレンドを理解することが大切です。

パターンを追い求めるよりも、全体の価格の流れやリスク管理を重視すると、より安定したトレードが可能になります。また、パターンが明確に形成されることで、その後の価格の動きも素直に進みやすくなるので、綺麗な形を待つことも重要です（図2-23）。

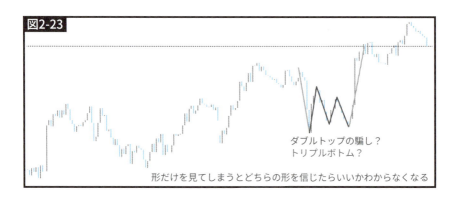

トレンドを発見する3つのポイント

形を見つけるコツは、**①目線に沿って探すこと、②形が完成する前に決めつけないこと、③見るサイズ感を決めること**です。

①目線に沿って探すこと

トレンドを発見するなら、ダウ理論の目線に沿ったトレードを繰り返す必要があり、反対方向のチャートパターンを探してしまうと、形だけに注目して逆張りをしてしまう可能性があります。逆張りをすると、一時的に含み益になったとしても、ポジションの保有時間が長くなるほど、トレンド方向に飲み込まれて損失が膨らむリスクが高まります。

たとえば、図2-24のように上昇トレンド（上目線）の相場環境であれば、

上に向かう形を追いかけます。そのため、たとえ三尊のような形が見えても無視し、その後のアセンディングトライアングルを信じてトレードする方がわかりやすいでしょう（図2-24）。

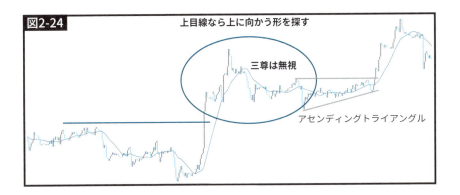

②形が完成する前に決めつけないこと

　これはトレーダーがよくやってしまいがちなミスです。たとえば、三尊が「できそう」と思ったり、「こうなってほしい」といった主観が入り込んでしまうことがあります。

　目線は上なのに、三尊の形ができそうだという理由だけで早めに売りエントリーをしてしまうと、これから下がるだろうという思い込みに固執し、損切りができなくなる可能性があります。

　人はどうしても自分のやっていることを正当化しようとする傾向があるため、思い通りに行かない場合でもその考えを受け入れにくくなります。

　しかし、「できそう」という段階では、多くの人がまだ追随してこないため、エントリーしてから実際に動くまでに時間がかかったり、その間にストレスを感じることが多いです。そのため、**反対方向の形はとにかく無視し、無駄なエントリーを減らすことが重要**です（図2-25）。

③見るサイズ感を決めること

　これは１画面にローソク足を何本ほど表示させるかや、チャートパターンをローソク足何本ほどで捉えるかを決めるということです。僕の場合、図2-26のように１画面に約800本のローソク足を表示させ、その中から60〜80本ほどを切り取ってチャートパターンを探します（イメージは少し見えにくいかもしれませんが、感覚を掴んでいただければと思います）。

　このようにサイズ感を決めることで、チャートを分析するための基準ができ、マルチタイムフレーム分析の理解も深まります。どうしても**複数の時間足を見過ぎてしまうと、見るサイズ感が変わり、分析がブレやすくなりますが、１枚のチャートだけでマルチタイムフレーム分析をすることで、全体像を捉えやすくなるのでぜひ試してみてください。**

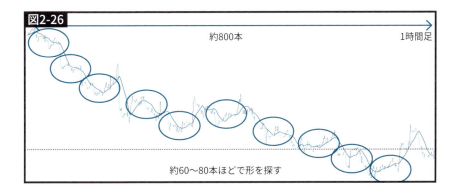

【チャートパターンを発見する3つのポイントまとめ】

①目線に沿って探すこと
ダウ理論に基づいて、トレンドの目線に沿ったトレードを繰り返す必要がある。

②形が完成する前に決めつけないこと
「こうなってほしい」という期待や主観をもとに判断してはいけない。

③見るサイズ感を決めること
1枚のチャートからマルチタイムフレーム分析をすることで全体を把握する。

2-7 これでトレンドは完璧 シンプルな1枚マルチタイムフレーム分析

　マルチタイムフレーム分析が苦手で、トレンドがわからなくなることや、複数の時間足を見ると混乱してしまうという悩みを抱えている方には、この方法がおすすめです。

　この方法は、**1つのチャートに対して見るサイズ感を変えることで、簡易的なマルチタイムフレーム分析を行う**ものです。先ほどお伝えしたように、チャートパターンを見る際の「サイズ感」を決めておかないと、この方法を効果的に使うことができないので、どのサイズ感であれば、あなたがチャートパターンを捉えやすいのかを過去の相場で振り返って確認しておくことが大切です。

　たとえば、普段60本ほどでチャートパターンを確認しているとします。その場合、1つの時間足で240本ほどでチャートパターンを見つけると、これを1つ上の時間足（たとえば、1時間足で見つけたなら4時間足の形）でのチャートパターンとして捉えます。逆に、サイズ感を小さくして15本ほどでチャートパターンを見つけると、これは1つ下の時間足（たとえば、1時間足で見つけたなら15分足の形）でのチャートパターンとして捉えます。

　このように、サイズ感を変えてチャートパターンを捉えていくことで、大きなトレンドの中に同じ方向へ向かう小さな形を見つけやすくなり、チャート分析の精度を高められます。

　各時間足の方向感を掴むために非常に重要な方法で、チャートの見え方が格段に変わるはずなので、もし現在地がわからなくなったり、複数の時間足を見て混乱してしまう場合には、ぜひ試してみてください（図

2-27、28)。

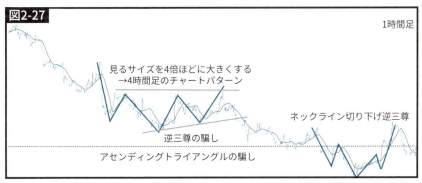

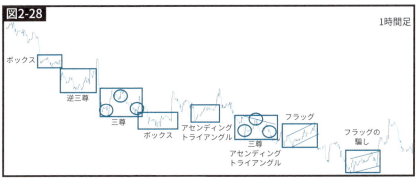

次章では
プライスアクションを
理解して、トレーダーの
「感情の動き」を掴める
ようになりましょう!

2章 まとめ

- ☑ チャートパターンは「トレンド転換型」「トレンド継続型」の2種類に大別

- ☑ チャートパターンは3つのステップでチェック（①上位足でトレンドを確認する、②下位足でレンジを確認する、③そのレンジ内でチャートパターンを見つける）

- ☑ トレードの基本は「押し目買い・戻り売り」

- ☑ チャートパターンを発見するポイントは3つ（①目線に沿って探すこと、②形が完成する前に決めつけないこと、③見るサイズ感を決めること）

- ☑ 1つのチャートに対して見るサイズ感を変えることで、簡易的なマルチタイムフレーム分析を行う

- ☑ どれがあなたにとって基準となるチャートパターンなのかサイズ感を決めてフラクタルを理解しよう

3章
「生の値動き」プライスアクションを掌握する王道・裏テク

3-1 トレーダーの「感情の動き」を表すプライスアクションとは？

　プライスアクションは、値段（プライス）と動き（アクション）から成り立っており、トレーダーたちの感情や行動が反映された「生の値動き」を表現しています。

　たとえば、含み益を持つトレーダー、逆張りで損失を抱えるトレーダー、トレンドに逆らったナンピンをしているトレーダー、損切りに引っかかって感情的になっているトレーダー、値頃感で取引するトレーダーなど、様々な感情や行動の結果として現れるのがプライスアクションです。

　移動平均線などのインジケーターは、相場の流れを視覚的に把握するために非常に有効ですが、そのインジケーター自体も値動きに基づいて算出されているため、値動きそのものを分析することは、より本質的で有効な方法となります。**プライスアクションを理解することで、相場の背景にある心理状態やトレーダーたちの意図を読み取ることができ、より正確なトレードの判断ができるようになります。**

ローソク足の基本を再確認しよう

　そのためには、ローソク足の形やその背景にある動きをよく理解し、プライスアクションを使って現在の相場の勢いを感じ取ることが重要です。ローソク足を理解するためには、まずその基本的な構造を再確認してみましょう。

　ローソク足は、以下の4つの値で構成されています。

> 1. **始値**（オープン）：その期間が始まったときの価格
> 2. **高値**（ハイ）：その期間内で達成された最も高い価格
> 3. **安値**（ロー）：その期間内で達成された最も低い価格
> 4. **終値**（クローズ）：その期間が終了したときの価格

　ローソク足はこの４本値の動きで構成されていますが、その形成過程が非常に重要です。たとえば、陽線（価格が上昇した場合）では、始値より終値が高い位置になりますが、高値や安値がどのタイミングで形成されたかが重要です。

　ローソク足の大まかな動きとして、以下のような順番で形成されることがあります。

> 1. **始値→安値→高値→終値**
>   　この場合、最初に売り圧力が強く、そこから買いが入り、最後に買い圧力が強くなる動きです。このパターンは、上昇する力が強いことを示唆します。
> 2. **始値→高値→安値→終値**
>   　こちらは、最初に買い圧力が強く、その後売りが入り、最終的に売りが強くなる動きです。逆に、下落圧力が強いことを示唆します。

　これらのパターンをさらに細かく見ることで、終値が同じでもその後の相場の強さや方向感をある程度予測することができます。たとえローソク足の形が似ていても、その作られ方によって相場の勢いや次の動きが変わることがあるため、プライスアクションを読み取る力が重要です（図3-1）。

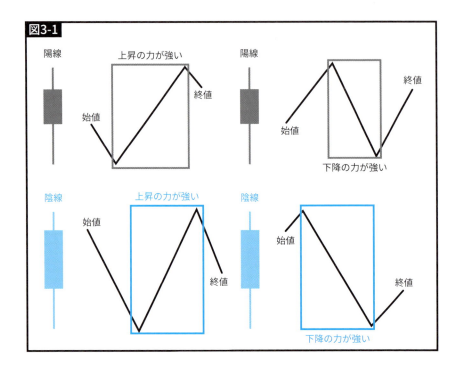

図3-1

　人と人は当たり前のように会話をしたり、相手の言葉やそのニュアンスを感じ取ることができると思いますが、プライスアクションもそれと同じです。相場の流れやその前後の関係、そして相場がどのように動こうとしているのかを、徐々に読み取れるようになっていきます。

　そのため、**繰り返しプライスアクションを学び、相場の動きに対する理解を深めていくことが重要**です。

3-2 トレンド転換のサイン「ピンバー」を見極めよ

　ピンバーは、ローソク足の実体部分がほとんどなく、長いヒゲが特徴的なローソク足です。長い下ヒゲの場合、最初は売りが強かったものの、最終的に買いが強い状況になったことを示します。一方、長い上ヒゲの場合は、最初は買いが強かったものの、最終的に売りが強い状況になったことを示します。

　このように、**方向感を否定するプライスアクションは、トレンド転換のサインとなりやすい形**です。特に高値圏や安値圏で発生しやすく、**上ヒゲのピンバーでは安値を下抜けると売り、下ヒゲのピンバーでは高値を超えると買いのシグナル**となります（図3-2）。

リスクリワードの悪化には要注意

　ただし、実際には損切りはヒゲの外側に置く必要があるため、損切り幅が広くなり、**リスクリワードが悪化しやすい点に注意が必要**です。長いヒゲは、大きく動いたものを否定する形ですが、素直に動くこともあれば、逆行することもあるため、形だけでエントリーするのではなく、プライスアクションの「中身」をしっかり見て判断することが重要です。

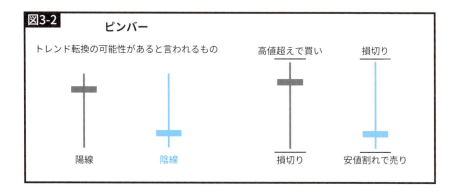

　初心者のころなどにやってしまいがちですが、たとえば、日足で上昇トレンド中に下落し、押し安値付近で下ヒゲのピンバーが1本出た場合、形だけを見て買いでエントリーしていませんか？　このピンバーの中身を見ていくと、次のようになります（図3-3）。

4時間足

　下目線が継続しており、インジケーターの傾きも下向きで、売りが強い環境が続いています。そのため、4時間足では基本的に戻り売りを狙う場面です。

1時間足

　インジケーターの傾きが横ばいで、直近の方向感が曖昧ですが、下目線が継続しており、戻り売りをする環境が続いています。

15分足

　まだ戻り高値を抜けたかどうかの段階で、下目線が継続と捉えます。逆三尊のパターンが形成中で、その頭部でも小さな逆三尊が形成されています。もし15分足の高値を超えてくると、戻り高値も抜けて、目線の切り替わりが発生し、逆三尊が成立します。

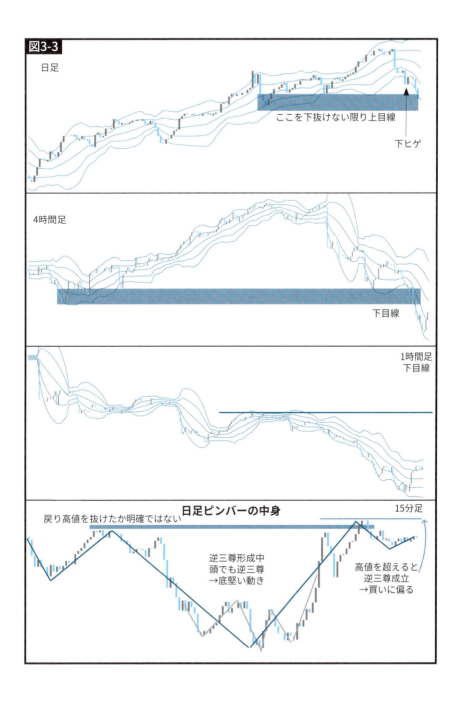

結局、相場の大きな流れに逆らわないことが重要

　こう見ていくと、買いのエントリーも良さそうに感じるかもしれませんが、下落相場であることを忘れないでください。
　2章でお伝えしたように、**チャートパターンはトレンド方向に沿ったものを狙うのが基本**です。今回は下落相場なので、この逆三尊は逆張りの順張りになります。
　逆張りを行う場合でも、順張りを繰り返すことでトレンド転換の起点に乗れることがありますが、むしろトレンド方向に向かう形が見えたときの方が、相場の大きな流れに逆らわないため安心です。
　今回のようなチャートパターンの成立は、**今までの下降トレンドの決済のサインと考え、一時的（短期的）な上昇**と捉えるべきです。そのため、トレードを行う場合は短期的な狙いにすることを意識しましょう。

方向感を否定するプライスアクションは、トレンド転換のサインとなりやすい形です！

3-3 「高いけれど買いたい」「安いけれど売りたい」 スラストアップ・ダウンは重要なシグナル

スラスト（推進力）とは、価格が一方向に動く際の「値動きの強さや勢い」を表す重要な指標です。

スラストアップは価格の上昇が強い状態を指し、スラストダウンは価格の下降が強い状態を示します。

スラストアップが成立する条件は、現在のローソク足が1つ前のローソク足の高値を実体で更新することです。この際、1つ前のローソク足が陽線でも陰線でも関係ありません。

ポイントは、**ローソク足の実体部分が連続して高値を超え続けること**で、これにより上昇トレンドが短期的に発生していると判断できます。

一方、スラストダウンは現在のローソク足が1つ前のローソク足の安値を実体で割り込むことで成立します。この現象が確認されると、下降トレンドが短期的に発生していると判断できます（図3-4）。

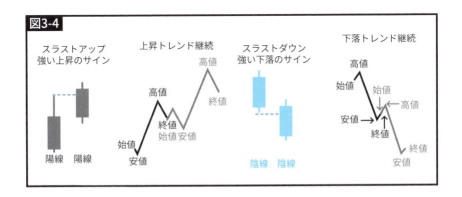

図3-4

トレーダーの心理が反映される

相場では、前日の高値や安値が抵抗線や支持線として意識されやすく、価格がそのラインで反発することが多いです。しかし、スラストアップやスラストダウンが発生する場合、それを超える力で価格が動いていることを意味します。

たとえば、「高いけれど買いたい」「安いけれど売りたい」といった心理が強まり、それが実際の価格に反映される形です。これは、トレンドが本格化している証拠ともいえます。

さらに、スラストが発生して高値や安値の更新が続くと、移動平均線にも傾きが生じ、視覚的に相場の方向性がわかりやすくなります。このため、スラストはトレンドの強さを把握するうえで欠かせない指標であり、エントリーや決済の判断を行う際の有力な根拠となります。

スラストを活用する際には、単に値動きを追うだけでなく、**その背景にあるトレーダーの心理や相場の流れを読み取ることが大切**です。これにより、より精度の高いトレード判断が可能になります。

3-4 精度を上げるポイントは下位足でのチェック「ランウェイアップ・ダウン」

　ランウェイアップは、ローソク足の高値が直近の高値よりも高く、かつそのローソク足の安値が未来の安値よりも安い状態を指します。**ランウェイダウン**はその逆で、ローソク足の安値が直近の安値よりも安く、そのローソク足の高値が未来の高値よりも高い状態です。これらの形は、価格の推移を表す重要なシグナルとなります。

　ただし、注意点としては、これらのパターンがきちんと確定するまでわからないということです。たとえば、図3-5のランウェイアップの真ん中に出た陽線が現れた時点では、まだ価格帯が実際に推移したかどうかは確定していません。その後、安値を切り上げた位置で揉み合いが必要になります。

　そのため、**ランウェイは日足で見るよりも、日足にトレンドが確実に出ている状態で、下位足（たとえば4時間足や1時間足）に落とし込んで確認する**のが効果的です。これによって、価格の動きやトレンドの強さをより精度高く捉えることができます。

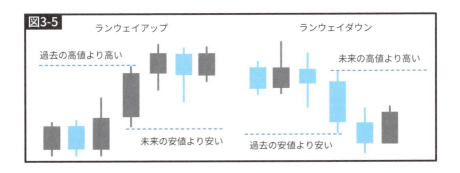

図3-5

ランウェイはシンプルに言うと「レンジ→トレンド→レンジ」という値動きで、トレンドが出ている状態でレンジが形成されるので、この右側のレンジ部分で中段持ち合いの形が見えると順張りしやすくなります（図3-6）。

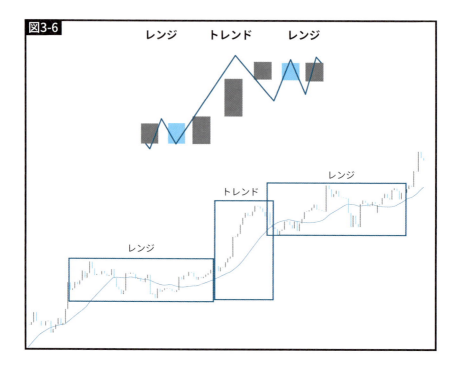

3-5 膠着状態を示すサイン「インサイド（はらみ線）」で次の動きを見極める

　インサイドバーは、「はらみ線」とも呼ばれ、左側のローソク足に右側のローソク足がすっぽり収まっている形を指します。たとえば、大陽線の後に小さな陰線が現れると、買いの圧力が強いことは明確ですが、攻防が続き、方向感が出ず、**膠着状態を示すサイン**となります（図3-7）。

　このようなインサイドバーが現れると、相場は次の動きに向けての決着をつけようとしている状況であり、エントリーのタイミングとしては、**左側のローソク足の高値を超えた場合に買い、安値を割れた場合に売りとするのが一般的な方法**です。このパターンは、方向感がはっきりしないときに出やすいので、高安値をブレイクする前の形などを確認しましょう。

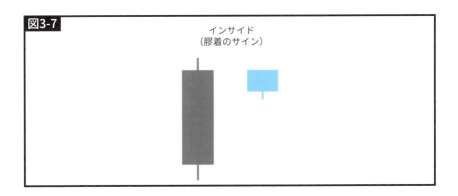

図3-7　インサイド（膠着のサイン）

　図3-7のようにインサイドバーが陽線の場合、その最高値と押し安値の値幅を**ダウ理論の１つの波形**として捉えることができます。この場合、

それ以降の値動きはその波の中に含まれる動きであり、上昇に対しては修正波としての動きと考えます。

そのため、次のようにシグナルとして判断できます。

高値を超えると上昇トレンドが継続する可能性が高い。

安値を下抜けると押し安値割れとなり、上昇トレンドが終了する可能性がある。

このように、インサイドバーが示す値幅内での動きを見守り、値動きがその範囲を超えるかどうかを確認することで、エントリーのシグナルとして活用できます（図3-8）。

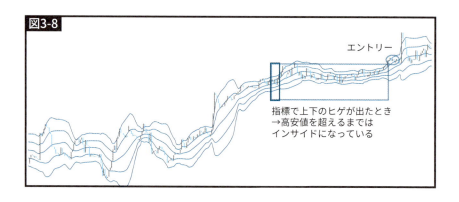

ただし、ブレイクするまで方向感がなく、インジケーターも横ばいになっていることが多いため、**基本的にはブレイクに飛び乗るのではなく、ブレイク後に方向感が明確になってから押し目買いや戻り売りを狙う方が安全**です。

ブレイクに飛び乗る場合には、さらに上位足の目線と傾きがその方向に沿っているかを確認することが重要です。上位足との整合性をチェックすることで、より強いトレンドに乗ることができる確率が高くなります。

3-6 値動き発生のサイン「アウトサイド（包み線）」

　アウトサイドはトレンド転換時によく現れるもので、「包み線」とも呼ばれます。右側のローソク足が大きく、左側のローソク足を完全に飲み込むような形をしています（図3-9）。**インサイドとは異なり、アウトサイドは今まさに値動きが発生している状態**であるため、方向感が強く出やすい形となります。一般的なエントリーサインとしては、**右側のローソク足（アウトサイド）の高値を超えると買い、安値を割れると売り**とされています。

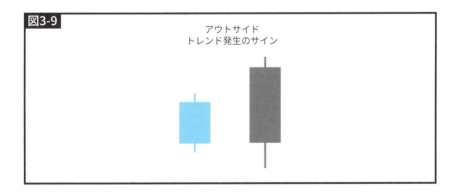

図3-9　アウトサイド　トレンド発生のサイン

　図3-10のように短期ダウの転換が発生していることが多いです。

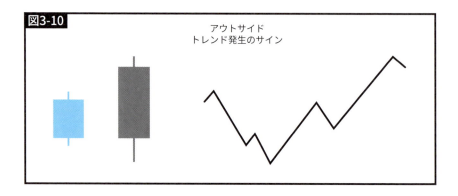

　実際のチャートでも見てみると、図3-11のように短期的にトレンド転換が見えるなど、アウトサイドで本当に方向感が出ているかを見るようにすると、機能しやすいものに気付けます。

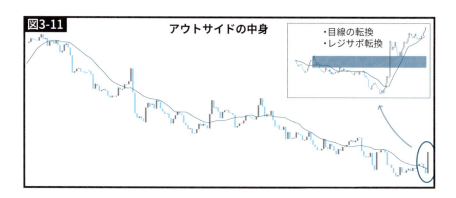

3-7 不確実性の高い反転のサイン「リバーサル」逆張りの意識を忘れずに

　リバーサルは反転のサインであり、成立する条件としては、強気リバーサルの場合、まず①下降相場で左側のローソク足の安値を一度下回ります。②その後、上昇し、左側のローソク足の高値を超えて確定します。この動きは、下落の勢いが弱まり、上昇し高値を超えることで反転の可能性を示唆します（図3-12）。

　たとえば、週足で意識されるラインがある場合、このリバーサルが反転を示唆することがあります。ただし、このパターンだけを見て「トレンド転換するだろう」と決め込むのは危険です。**プライスアクションもチャートパターンと同様、発生する環境や位置が重要**ですので、常にその点を意識してください。

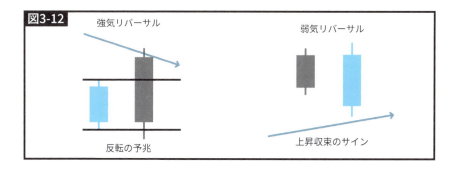

図3-12

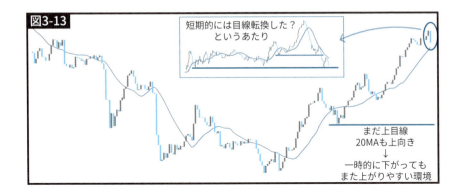

　図3-13のように、上昇トレンド中に弱気リバーサルが出た場合でも、その時点ではまだ移動平均線（MA）の傾きが上向きで、押し安値も下抜けていません。**中身を細かく見たときに、短期的に転換して、一時的に下がったとしても再び上昇に転じる可能性が高い**です。そのため、トレンド転換を確信して売り続けるのは非常にリスクが高いことになります。

　図3-14は別のパターンで、下降トレンド中の相場で強気リバーサルが出た場合です。しかし、この場合も移動平均線の傾きは下向きで、売りが強い環境が続いています。さらに、下位足レベルでも戻り高値を超えていないため、短期的な下降トレンドすら転換していません。

　大きく下落した後の強気リバーサルは「上昇するかもしれない」という可能性を示唆していますが、トレンドフォローをする場面ではなく、買うなら逆張りの意識を忘れないようにしましょう。

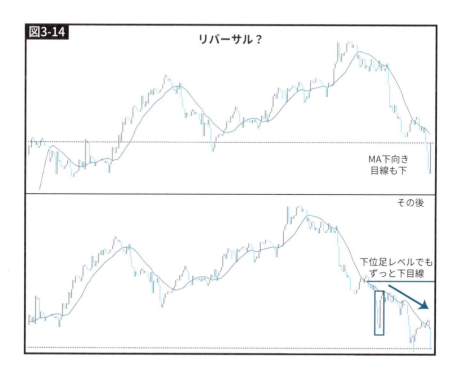

パターンを発見しても、反射的に「トレンド転換する」と決めつけないように注意しましょう。

3-8 プライスアクションは「どんな相場環境」の「どこで出るのか？」が大事

　上昇相場の押し目で、上に向かうプライスアクションを拾い、下降相場の戻り目で下に向かうプライスアクションを拾う方が反応しやすくなります。押し目や戻り目で、どんな感情を持つトレーダーがいるのかを考えることが重要です。

　たとえば、押し目部分でアウトサイド（包み線）が現れ、その中身を見ると、下位足レベルで戻り高値を超え、さらにレジスタンスとサポートが転換する様子が見えた場合、移動平均線（MA）も上向き始め、上昇しようとする力が徐々に見えてきます（図3-15）。

　このような形が確認できたとき、さらに上位足も上向きなら、買い方向に偏る可能性が高く、トレンドが本物になる確率が高まります。

　このように、プライスアクションが出る場所、その形が示す意味、さらに中身の値動きや上位足の方向感を確認する習慣をつけることでトレードの精度を高められます。

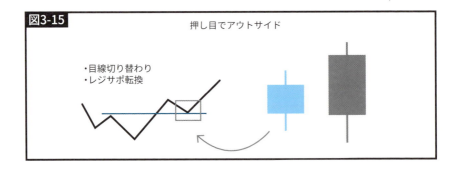

図3-15　押し目でアウトサイド
・目線切り替わり
・レジサポ転換

実際のチャートを使って簡単に説明します。まず、80MA（移動平均線）を表示させて簡易的に上位足の方向感を確認すると、傾きが上向きで買いが強いことがわかります。

　上昇トレンドが継続中で、押し安値を下抜けることなく（細かく見ると一瞬だけ抜けている場面もありますが）、直近の高値を上抜けてアウトサイドが出現した後、レジスタンスとサポートが転換し、アウトサイドの高値を再度上回ることで、上昇トレンドが継続する兆しが見えてきます（図3-16）。

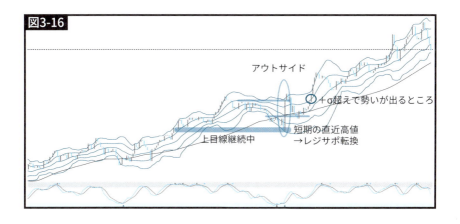

　しつこいようですが、**プライスアクションの出現だけに注目するのではなく、その前の状況や出現後の動きも確認することが重要**です。トレンド方向が一致しているかどうかを意識して、より効果的なトレードができるように役立てていきましょう。

3章 まとめ

- ☑ 「プライスアクション」はトレーダーの心理状態を反映した生の値動き

- ☑ 「①形と意味を覚える」「②中身を見る」「③どんな環境のどこで出ているのかを見る」を意識

- ☑ 「ピンバー」はトレンド転換のサインになるがリスクリワードに注意

- ☑ 「スラストアップ・ダウン」はトレンド発生に不可欠な重要なシグナル

- ☑ 膠着状態の「インサイド（はらみ線）」、トレンド転換の「リバーサル」、反転の「アウトサイド（包み線）」などを要チェック

- ☑ プライスアクションの出現だけに注目するのではなく、文脈を読み取るように、その前の状況や出現後の動きも確認することが重要

4章

【実践】
元手資金100倍を爆速で実現した神トレードの真髄

4-1 FXトレードは準備が9割

　ここからは基本を再確認しつつ、より具体的にお伝えしていきます。トレードは環境認識が大切とよく言われますが、これは**「今の相場の状態を一定の基準で判断すること」が重要**だからです。トレンドフォロー手法ならトレンド相場に強くレンジ相場に弱い。逆張り手法ならトレンド相場に弱くレンジ相場に強い。当たり前に聞こえますよね？　でも、今の環境はどんな状態ですか？

　勝率が高いときは、トレンドがしっかり出ているところでトレードできていることが多いです。一方、勝率が落ちてきたときはどうでしょうか。転換が始まっていたり、長期では押し目買いの場面でも短期では戻り売りになっているなど、方向感が掴みにくくなっているかもしれません。

成功の鍵は「相場ファースト」

　トレンドフォロー手法の場合、まずは「今がトレンドかどうか」を判断することが重要です。トレンドがはっきりしない場合は静観するか、逆張り系のロジックに切り替えて短期的に狙うなど、状況に応じた対応が求められます。

　逆張り手法の場合も同様に、「今がレンジかどうか」を見極めてトレードをするか決める必要があります。また、**エントリー後にトレンドが発生してしまった場合は、素早く損切りをするか、トレンドフォロー手法に切り替えるか、その場の状況に応じて柔軟に対応することが大切**で

す。

　このように、自分のルールが機能しやすい環境を選ぶことで、無駄に振り回されず、安定したトレードが可能になります。オフロードカーが山道や砂浜を得意とし、スポーツカーがサーキットでその性能を発揮するように、トレードも相場環境に応じた戦略が必要です。相場が自分のルールに合わせてくれることは決してありません。だからこそ、**常に「相場ファースト」の視点で考えることが成功への鍵**となります！

　こういった判断を行うためにも、押し安値や戻り高値を基準にトレンドを読み取り、インジケーターの傾きを確認して、「トレンド方向にしっかりと動いている事実」があるかを見極めることが重要です。

動いている明確なトレンドで勝負に出る

　トレンドフォローをする際には、**「どのトレンドに対して」「どのサイズの波に注目し」「どのポイントを狙うのか」を明確に意識**してください。図4-1のように、先端が横向きの停滞した相場よりも、きちんと斜めに動いている明確なトレンドを追いかける方が、スムーズにトレードが進められます。

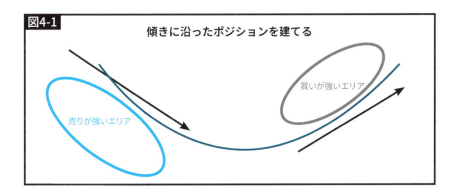

図4-1　傾きに沿ったポジションを建てる

さらに、動いている環境の中で、下位足でどのラインを抜けるとMAの傾きなど、インジケーターの角度が変化するのかをチェックする習慣をつけると、トレードが一層やりやすくなります。変化のポイントを見極め、しっかりと動き出したタイミングを狙ってみましょう。

ナンピントレードで押さえておきたい4つのポイント

ナンピントレードは「良くない」と言われることが多いですが、極端に言えば、長期のトレンド方向を理解した上で、短期的な逆行の中でポジションを仕込む方法自体が間違いというわけではありません。

ただし、重要なのは次のポイントを明確にすることです。

> 1. 最終の撤退ラインは？
> 2. ポジションを最大で何ロットまで持つ？
> 3. 撤退ラインまで来た場合の損失は？
> 4. その損失以上のリターンを見込めている？

これらはトレードの基本である「利益が損失を上回る」という前提条件に基づきます。この条件がクリアされているなら方法は自由で、資金を増やせるのであれば、それがあなたにとって正解のトレード手法になります。

繰り返しになりますが、「今の相場環境はどうか？」をしっかりと把握し、自分のルールに適合しているなら、気にせず狙っていきましょう！

トレンドの判断が苦手な場合は、移動平均線などのトレンド系インジケーターを活用し、**傾きがある状態**を意識してみましょう。

- **右肩上がり**の場合：移動平均線よりも上にローソク足がある
  なら、買いが強いと判断します。
- **右肩下がり**の場合：移動平均線よりも下にローソク足がある
  なら、売りが強いと判断します。

さらに、この状況を確認した上で、**下位足レベルでのクロス**（たとえばローソク足が短期移動平均線を上抜ける、または下抜けるポイントなど）をエントリーのサインとして活用する方法もおすすめです（図4-2、3）。

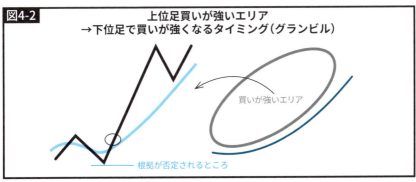

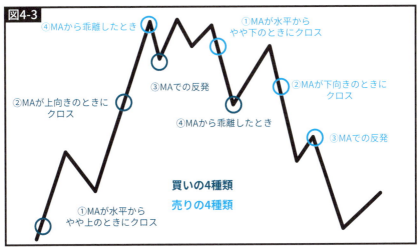

実際に、日足・4時間足・1時間足・15分足のチャートを見てみると日足（図4-4）の1番右は横ばい、手前は下向きで、横ばいと比べると方向感が出てローソク足も大きく、トレードしやすい環境となります。

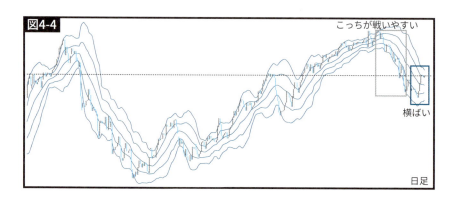

　同じ部分を4時間足（図4-5）で見ると同様に直近は横ばいで方向感がないものの、手前は下向きなのでそちらの方がトレードしやすい環境となります。

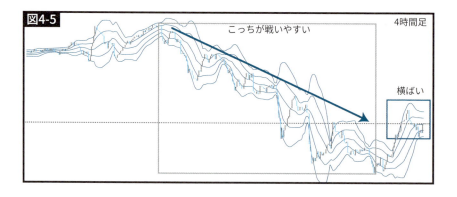

　1時間足（図4-6）で見ても直近は横〜やや上で方向感がありませんが、少し手前の部分は傾きが上で、日足では横ばいだった部分の中でも1時

間足の上昇であれば狙いやすくなります。

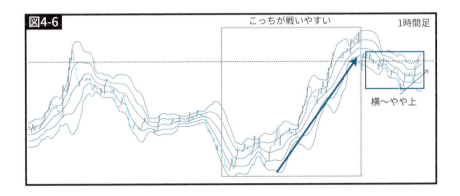

さらに15分足（図4-7）も見ると、1時間足直近部分の横ばいの中でも下に傾いている部分があり、短期的にローソク足のサイズも大きくなり、並びも陰線の割合が多くなり売りでトレードしやすくなります。

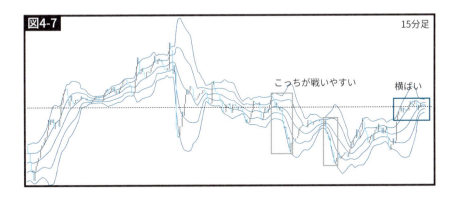

実際にはインジケーターの傾きは後付けとなりますが、どの価格を抜ければ傾きが出るのかがわかるようになってくると、その方向に順張りしておけば、あとはその傾きが方向感を支えてくれるのでポジションを保有するストレスを軽減できます。

4-2 「森・木・枝」を観察して相場を見極めるマルチタイムフレーム分析について

　マルチタイムフレーム分析とは、上位足から下位足まで複数の時間足を確認して相場を分析する方法です。「森を見て、木を見て、枝を見る」と例えられるように、相場全体の環境を把握し、現在地を理解することが目的です。

　トレンドフォローならトレンド相場で勝ちやすく、逆張りならレンジ相場で勝ちやすいため、**今の相場がトレンドなのかレンジなのか**を見極めます。

　上昇トレンドなのに買って負けた、下降トレンドなのに売って負けた、という経験がある方も多いと思いますが、マルチタイムフレーム分析を活用することで、含み益が発生しやすいポイントを狙い、含み損を抑え、勝率を少しでも向上させることが可能です。

知らないと損する！
マルチタイムフレーム分析のデメリット

　ただし、注意点として**マルチタイムフレーム分析をやり過ぎると、逆にチャンスが減ってしまう**ことがあります。

　たとえば、5分足の損切り幅で4時間足や日足のトレンドを狙う場合、各時間足の波形が完璧に一致する必要があります。エントリー後に一時的に価格が伸びたとしても、フラクタル構造が一致しなければ、ポジションを長く保有していても最終的には損切りにかかる可能性が高まり、**損切り後に狙っていた方向へ伸びていく**といった場面にも遭遇するかも

しれません。

　また、すべての時間足で**明確にフラクタルが見えるとは限らない**ため、完璧を追い求め過ぎると、相場に振り回されやすくなります。そのため、波形の判断は縦（時間軸）と横（価格帯）のバランスを考慮しながら行うことが重要です。完璧さを求めるのではなく、あくまで実用的な精度でトレードを進めることを意識しましょう。

マルチタイムフレーム分析の具体的な手順

　分析の手順としては、「**トレードする基準の時間足 ＋ 上位足 ＋ 下位足**」を確認し、全体の流れを把握した上で、細かなエントリーポイントを探ることが重要です。これにより、下位足の損切り幅に対して、上位足の値幅を狙うことが可能となり、リスクリワードを向上させることができます。

　たとえば、メインのトレード時間足を１時間足に設定する場合、４時間足以上でトレンドを確認し、15分足以下でエントリータイミングを計ることで、損切り幅は15分足レベル、利益目標は１時間足以上を狙うことができ、自然とリスクリワードが改善されます。

　ただし、この際に**リスクリワードが無理のない設定であるかを見直すことが大切**です。０章でも触れたように、勝率とリスクリワードは反比例するため、たとえば「損切りは５分足、利益確定は日足でリワード100」といった無謀な設定は危険です。

　理論的には勝てる可能性がゼロではないものの、各時間足の波形の重なりを完璧に狙い、日足のトレンドに対して短期的な逆行が発生しないポイントを正確に当てる必要があります。

　そのため、**トレード回数は極端に減少し、勝率も低下しやすく、現実的な運用方法とは言えません**。

　現実的に資産を増やしていくためには、勝率60％前後、リスクリワー

ド1：1を基準に、無理のない範囲で設定することがポイントです。無理のない計画が安定した運用につながります。

　理解を深めるためには、以下のアプローチも役立ちます。

> ・ダウ理論による各時間足のトレンドを把握する
> ・インジケーター（移動平均線やMACDなど）の傾きの変化を追い、転換点を見極める
> ・1つのチャートで複数の時間軸を確認する「1枚マルチタイムフレーム分析」を試してみる
> ・縦軸（時間の流れ）と横軸（価格の動き）のバランス感覚を磨く

　これらを習得することで、リスクを抑えながら、利益を狙う精度をさらに高めることができるようになります。

4-3 徹底して資産を減らさない！FXリスクの分散について

相場環境によって適したロジックとそうでないロジックは異なりますが、トレードで利益を出すためには、可能な限り**「安く買って高く売る」「高く売って安く買い戻す」**ことを繰り返す必要があります。

分散手法を活用して最終的な利益を確保する

そのため、市場が激しく動いているときは手を出さず、レンジ（価格が一定範囲内で動く状態）を待ち、次の動きに備えて行動することが重要です。

また、オシレーターの説明でもお伝えしたように、相場がレンジであってもトレンドであっても、基本的にはダウ理論に基づいた相場の流れを確認することが大切です。上昇トレンドであれば「売られ過ぎ」からの反転を狙って買いを検討するなどトレンド方向を見誤らないように注意してください。

リスク管理の一環として、以下の方法を覚えましょう。

- 通貨ペアを増やす
- 最大ロットを一度に持たず複数のポジションに分散する
- 経済指標の発表や要人発言の前にはポジションを持たない

これにより、急激な値動きにも柔軟に対応しやすくなります。さらに、運用口座を複数に分けることでリスクを分散させたり、FX以外の収入

源を確保して精神的な余裕を持つことも効果的です。これらの工夫により、リスク管理を強化しながらトレードに集中できる環境を整えることが可能になります。

　最終的には、**「お金を増やす」という目的を妨げる要因を１つずつ排除していくことが重要**です。そのためには、資産を減らさないことを最優先に考え、リスクを抑えた運用を徹底しましょう。繰り返しになりますが、守りを固める意識を常に持ち続けることが、最終的な利益増加への道を切り開きます。

　また、これまでお伝えしたリスク管理のポイントも今一度確認し、あなたのトレードスタイルに照らし合わせて実践できているかをチェックしてみてください。堅実なリスク管理が、安定した成長の土台となることを忘れないでください。

リスク管理は、万全な状態でトレードできる環境を整える目的もあります。

4-4 必見！ 勝率を爆上げするKouのトレードルール

ここでは僕のトレードルールの例を1つ紹介します。

まずやることは、**上位足に沿った押し目や戻り目から反転に乗るトレンドフォロー**です。

①動きを確認する

手順としては、まず**動きを確認すること**。トレンドが発生しなければトレンドフォローはできないため、焦らず待ちましょう。動きを確認することで、その後の伸び代やエントリーポイントが見えてきます。急いで飛び乗るのではなく、動いた事実を確認することが重要です（図4-8）。

②反対方向への動きを確認する

目安として、**フィボナッチリトレースメントの50％～61.8％付近**を参考にします。ただし、これはあくまで目安であり、タッチエントリー

（価格がその水準に到達した瞬間にエントリーすること）は逆張りになり、非常にリスクが高いので注意が必要です。

　また、反対方向の動きが見られず、**高い位置で揉み合ったまま上に抜けた場合は、大きな伸びが期待できないことが多い**ため、しっかりと反対方向への動きが確認できるまで待つことが大切です。焦らず、エントリーポイントを慎重に見極めましょう（図4-9）。

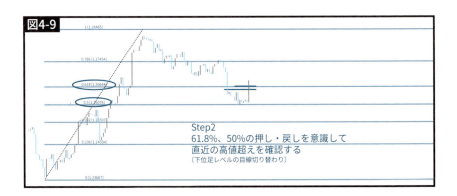

③下位足レベルで目線の切り替わりを確認し、揉み合いを待つ

　小さな押し安値や戻り高値を抜けた時点では、まだ完全に目線が切り替わったとは言い切れません。そのため、**抜けた後に価格がどのように動くか、特にその後の揉み合い（レンジ）が発生するかを確認**しましょう。

　揉み合いが確認できれば、下位足レベルの転換がより意識され、リスクを抑えたトレードが可能になります（図4-10）。

④揉み合いから順張り方向へのブレイクを狙う

価格が揉み合いからトレンド方向に抜けたタイミングでエントリーを検討します。しっかりとブレイクに乗ることで勝率を高めることができます。

⑤損切りは、押し目・戻り目と考えた起点の高安値に設定する

たとえば、直近の押し安値や戻り高値が損切りポイントになります（図4-11：直近安値＝短期的な押し安値）。このように、リスクを限定しながらトレードを進めましょう。

⑥利確目標はN値幅で決定する

N値（直近の値動きの幅）を基準に利確ポイントを設定することで、感情に左右されずエントリー前にリスクリワードを算出できるようになります。

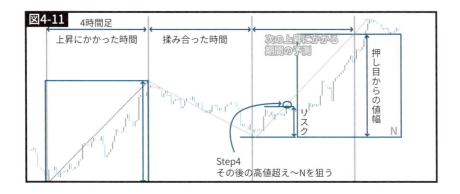

成功の秘訣は「順張りの順張り」

　このような流れで、上位足のトレンドにおける押し目や戻り目のエリアを見極め、反転しそうなポイントに目星をつけた上で、下位足が実際にトレンド方向に動き出したタイミングでポジションを持つという、いわば「順張りの順張り」を行います。

　もちろん、この方法でも相場が逆行することはあります。しかし、少しでも勝率を上げるためには、**「そろそろ反転しそう」といった主観的な判断ではなく、実際に反転を確認してから順張りを意識することが重要**です。

　一方、逆張りはリスクリワードが良くなる一方で、勝率が低下しやすいことも忘れないでください。もし反転しそうなエリアで逆張りをする場合は、すべてのロットを一度に投入するのではなく、複数の目安ポイントに分散させることがリスク管理の鍵です。

- 最初の目安ポイントで一部エントリー
- 次の目安ポイントで追加エントリー
- 最終的な撤退ラインを設定し、損失が大きくならないようロット管理を徹底など

これにより、トレンド方向に順張りの逆張りを行う際でも、リスクを最小限に抑えることが可能です。どんな方法でもリスクとリターンのバランスを保ちましょう。

狙うトレンドのスケールとポジション保有時間の目安を決めておく

あとは、**上位足の環境をさらに確認したり、下位足まで細かく分析したりすることで、マルチタイムフレーム分析をどの程度深掘りするか**が重要です。

このプロセスを通じて、損切り幅をさらに狭めたり、波形の合ったタイミングに絞ってエントリーすることが可能になります。

大切なのは、「現在の相場環境を読み取り、その中でどの波形を狙ってトレードするのかを明確にする」ことです。

このアプローチを取ることで、スキャルピング、デイトレード、スイングトレードといった異なるトレードスタイルにも柔軟に対応できます。

コツとして、「形の綺麗な通貨ペアや時間足」を意識してみてください。形が綺麗な方がトレンドを把握しやすく、エリオット波動の観点からも推進波に乗れる可能性が高まります。

また、**時間足に応じて保有期間を調整**することもポイントです。たとえば、

- **4時間足のトレンド**を狙うなら、数日間の保有を目安にする
- **5分足のトレンド**を狙うなら、1時間程度の保有を目安にする

このように、狙うトレンドのスケールに応じてポジションの保有時間を調整することで、効率的かつ現実的なトレードが可能になります。

4-5 注文が集中しているところに意識を向けてみよう

　注文の集中を意識することで、価格が動きやすいゾーンを把握することができます。すでにトレードルールが決まっている人であれば、その精度をさらに高めるために活用できますし、まだルールが確立していない人であれば、ルールの一部として組み込むことで、トレンドフォローがしやすくなるでしょう。

　注文の集中とは、新規注文と決済注文が重なる部分を指します。

> ・**新規注文**：
> 「どこで買いエントリーをするか」「どこで売りエントリーをするか」を判断するポイント。たとえば、レジサポライン、キリ番、直近高安値などの水平線で多くのトレーダーが新規にポジションを取ることが多くなります。
>
> ・**決済注文**：
> 「どこで利益確定をするか」「どこで損切りをするか」を決めるポイント。利益確定や損切りの注文が集中することで、より価格が走る可能性が高まります。

　これらの**注文の重なりを把握するためには、チャート上にラインを引いて確認する**ことが有効です。

　注文の集中ゾーンを意識することで、相場の転換点やブレイクポイントを見極めやすくなり、効率的なトレンドフォローが可能になります。

水平線を活用したエントリーと損切り設定の基本

絶対的な注文としては、水平線の上下が基本となります（図4-12）。

たとえば、以下のようなエントリーポイントと損切り設定が考えられます。

> 1. **高値更新で買いエントリーする場合**
>   - 前回高値を超えた上で買い注文を入れる
>   - 損切りは直近安値などのラインの下に設定する
> 2. **レンジの下限で買いエントリーする場合**
>   - レンジ下限ラインの上で買い注文を入れ、レンジ下限の下に損切りを設定します

また、以下のラインも注文の参考になります。

> - **キリ番**（整数の価格帯）
> - **過去の強い水平線**
> - **レジサポ転換ライン**（レジスタンスラインとサポートラインの転換）

これらのラインを基に、注文の位置を決定します。基本的に、**ラインの上に買い注文、ラインの下に売り注文**を設定します。

引く場所としては、ダウ理論に沿った各時間足の押し安値や戻り高値が目安となります。具体的に注目するポイントは以下のようになります。

> - レジサポ転換があるか？
> - 過去にも反応している価格帯か？
> - 別の時間足のどこを通っているか？

これらの要素を見て、より確度の高いエントリーを目指しましょう。

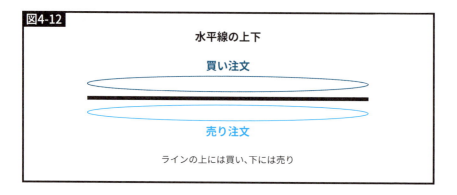

相対的な注文としては、トレンドラインや傾きのあるインジケーターの上下が挙げられます（図4-13）。

たとえば次の通りです。

> ・**上昇トレンドラインで買いエントリー**：トレンドラインよりも上で買い、ラインの下で損切りや利益確定
> ・**上向きの移動平均線で反発を狙って買い**：インジケーターの上で買い、インジケーターの下で損切りや利益確定

このように、ラインの上に買い注文、下に売り注文を設定します。しかし、トレンドラインやインジケーターは引き方や設定期間が人それぞれで異なるため、水平線よりも明確ではなく、相対的な判断になります。

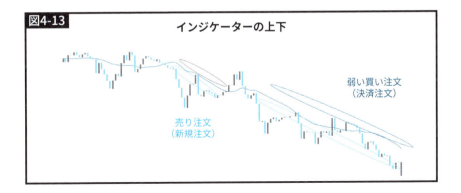

図4-13 インジケーターの上下

弱い買い注文
（決済注文）

売り注文
（新規注文）

　これらを踏まえた上で、ダウ理論に基づいてラインを見ていくと、買いと売り、どちらの重なりを見るべきかが明確になります。

上目線で買い方向を狙う場合：
・新規で買いが入りやすい場所
・売りポジションを持っている人が損切りを置いているであろう場所

下目線で売り方向を狙う場合：
・新規で売りが入りやすい場所
・買いポジションを持っている人が損切りを置いているであろう場所

アセンディングトライアングルのレジスタンスエリアでの売りポジション戦略

　たとえば、日足の右端に到達するまでの流れを見ると、日足は上目線で、押し安値を下抜けずにアセンディングトライアングルを形成しています（図4-14）。この時点では、上に抜けるかどうかが不確かに感じるか

もしれませんが、マルチタイムフレーム分析を用いて、上方向に伸びる可能性を確認します。

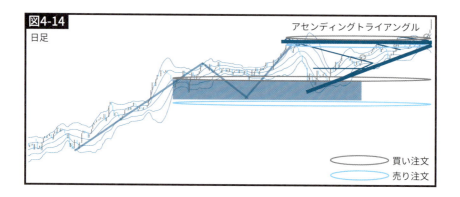

図4-14 日足

4時間足（図4-15）でも上目線継続中。アセンディングトライアングルの中を見ると高値切り下げラインやレジサポ転換ラインがあり、それらを上抜けている状態です。

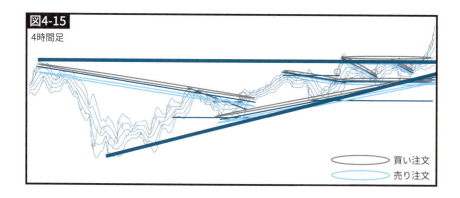

図4-15 4時間足

1時間足（図4-16）も上目線（細かく見ている人なら下目線から上目線に再転換）で、4時間足と同様に高値切り下げラインやレジサポ転換ラインを上抜け、安値を切り上げながらアセンディングトライアングルの中

にアセンディングトライアングルを形成しています。

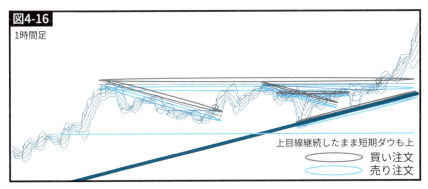

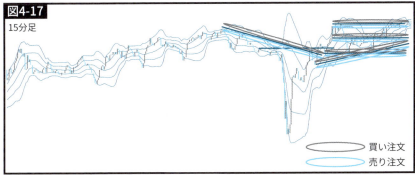

　15分足（図4-17）でも下目線から上目線に目線が転換しながら安値を切り上げ、高値切り下げライン、レジサポ転換ラインを上抜けし、全体的な方向感が上に向かっているのが見えてくるかと思います。

　アセンディングトライアングルの高値が過去に何度もレジスタンスされたエリアであれば、その付近で陰線が出始めると、短期的に売りポジションを考えたくなるのは自然な反応です。その場合、**売るのであれば、損切りを高値の外側に設定してリスク管理を行うことが重要**です。こうすることで、もし反転して上に抜ける場合でも損失を最小限に抑えるこ

とができます。

　また、普段は買いと売りのバランスがはっきりしないこともありますが各時間足に横や斜めのラインを引いて、反対のポジションを持っているトレーダーがどこで撤退するか、利益が出ているトレーダーがどこで利確するか、これから入りたいトレーダーがどこでエントリーするかを予測していくと、トレーダーの行動や感情を考慮でき、重なるポイントや注目すべきエリアが見えてきます。

　これにより、より高確率なエントリーポイントが見つかることがあるので、たくさん線を引いて、しっかりと考えてみましょう。

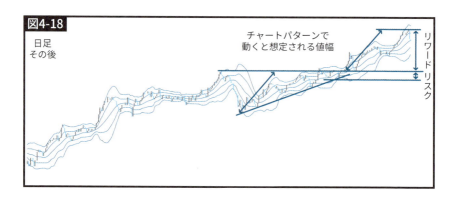

市場の資金の流れを意識することが大切

　これまでエントリーしたものの、価格がなかなか伸びずに損切りになり、その後本来狙っていた方向に伸びていった経験がある方も多いと思います。実際、価格が走るにはその方向に大きな資金が投入される必要があるため、**小さな直近高値を超えたからといって安易に買いを繰り返すのではなく、しっかりと市場の資金の流れを意識することが大切**です。

　上位足で上昇トレンドでない限り、短期的に下目線になったり、移動平均線が下向きに変わったりした場合、買いの決済や逆張りショートが

増えると価格が一時的に下がり、売りポジションが徐々に増えていくので、売りポジションを持っているトレーダーがどこで手放すかを考える必要があります。

さらに、その下落のタイミングで上位足でもその価格帯が意識されるかどうかが重要です。このように、上位足のトレンドとの整合性を確認しながらエントリーすることで、伸びる相場に乗りやすくなります。

相場は動き続けていることを前提にトレードする

前述したように、マルチタイムフレーム分析で上位足から下位足を見て今の相場環境を読み解いて現在地を理解していきますが、相場は「動き続けて」います。ナビで目的地の近くまで行ったからと言ってもう大丈夫とナビを見るのをやめると気付いたらズレた場所にいることがありませんか？

それと同じように、**上位足を見てトレンド方向・現在地を間違えていないと思ったとしても、エントリーする前に下位足ばかりを見てしまうと、上位足から見た現在地・相場の勢いなどが変わっていることもよくあります。**

注文の集中などを見てエントリーするぞ！となったとき、改めて上位足をチェックして、それが本当に上位足でも見えているかを再確認することで無駄なエントリーを省けたり、負けるリスクを減らしたりできるので覚えておいてくださいね。

4章
まとめ

- ☑ 相場の状態を一定の基準で見極め、「**相場ファースト**」のトレードが成功の鍵

- ☑ 「**どのトレンドに対して**」「**どのサイズのトレンドに注目し**」「**どのポイントを狙うのか**」を明確に意識して勝負に出る

- ☑ マルチタイムフレーム分析の目的は「**森を見て、木を見て、枝を見る**」ことで相場全体を把握しつつ現在地を理解すること

- ☑ 「**通貨ペアを増やす**」「**最大ロットを一度に持たず複数のポジションに分散する**」「**経済指標発表・要人発言の前にはポジションを持たない**」などしてリスク管理する

- ☑ 「**順張りの順張り**」こそが成功の秘訣

- ☑ 新規注文と決済注文が重なる「**注文が集中しているところ**」に意識を向ける

　　　　①日足のダウの方向とMAの傾きを見る
　　　　②4時間足のダウの方向とMAの傾きを見る
　　　　③1時間足のダウの方向とMAの傾きを見る
　　　　④15分足がどの価格帯で動くか考える

その根拠が1時間足以上ではどう見えるか再確認
（無駄な負けを減らしトレード精度を上げられる）

5章

リアルチャートで相場観を掴む再現性抜群FXドリル

5-1 ダウの目線テスト
～1つの時間足～

　図5-1の各青丸の時点で、狙う方向は「上」でしょうか、「下」でしょうか、「微妙」でしょうか。ダウの目線はトレンド方向を理解するために必須なので判断できるようになりましょう。
「上昇相場であれば、押し安値を下抜けない限り上目線継続」「下降相場であれば戻り高値を上抜けない限り下目線継続」「押し安値や戻り高値がはっきりしなかったり、抜けた瞬間などは微妙」として考えてみましょう。
　マルチタイムフレーム分析をするためにもまずは1つの時間足だけでチャレンジしてください。
　あくまでもその時点でのトレンド方向を理解するためで実際にエントリーするものではないのでご注意ください。

問題1

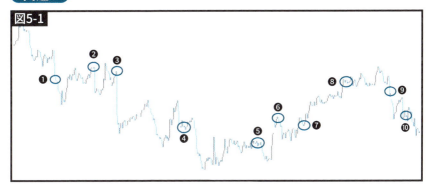

図5-1

回答1

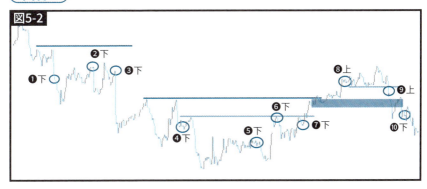

図5-2

① ～ ③ 戻り高値を上抜けず下目線。その後安値更新して④⑤下目線継続。

⑥ 細かく戻り高値を見ている人でも下目線のまま（薄線）。

⑦ 戻り高値を超えていないので下目線。

⑧ 戻り高値を超えて上目線。

⑨ 押し安値を細かく見ている人でも下抜けた瞬間なので、まだ目線を切り替えるには早く、上目線継続。

⑩ 押し安値を下抜けて下目線。

問題2

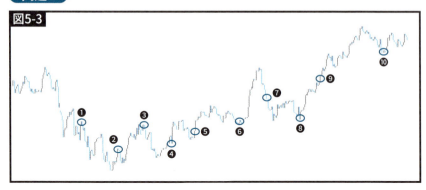

図5-3

回答2

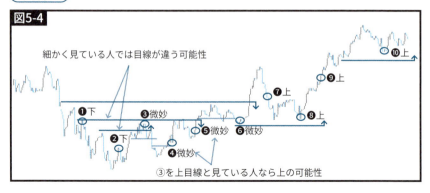

図5-4

① 下降トレンド中で下目線。
② 安値更新して下目線継続。
③ 小さく戻り高値を見ている人なら上、もう少し大きく見ているなら下目線で目線が曖昧なので微妙（僕は下目線で見ます）。
④ ③を上と見ている人なら、下になってまた上に切り替わっている可能性もあるところ。それ以外は下なので下が優位な微妙と考えます。
⑤ 同様で微妙。

⑥ ②の時点から見た戻り高値を上抜けておらず、ずっと下目線の人、④⑤を上と見ている人ならまだ上目線なので微妙。
⑦ 戻り高値を上抜けて上目線。
⑧ 押し安値より上で上目線。
⑨ そのまま高値更新して上目線。
⑩ 最高値の押し安値を下抜けていないので上目線。

問題3

図5-5

回答3

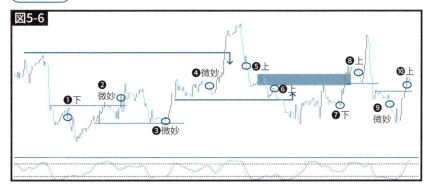

図5-6

① 下降中で下目線。
②〜④ ①部分の薄線を戻り高値と見ているなら上目線。青線で見ているなら下目線で微妙。位置によって目線が異なる。
⑤⑥ 高値を超えて押し安値より上で上目線。
⑦ 押し安値を下抜けた後戻り高値を超えず下目線。
⑧ 戻り高値を超えて上目線。
⑨ 小さく見ている人なら下目線の可能性もありますがV字でローソク足1本で止まっているような安値なので形としてはイマイチで上が優位の微妙と考えます。
⑩ ⑨を上で見ている人ならそのまま上。⑨を下で見ている人でも戻り高値を超えて上に切り替わる部分で上目線と判断します。

どうだったでしょうか？　たぶんはっきりわかった部分と、悩んだ部分があるかと思います。今はそれで大丈夫なのではっきりわかった部分はなぜわかったのか、微妙だったのはなぜかを振り返ってみましょう。

5-2 ダウの目線テスト
～2つの時間足～

今度は2つの時間足を見て目線の一致、不一致を理解しましょう。

問題1

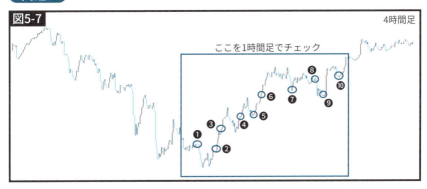

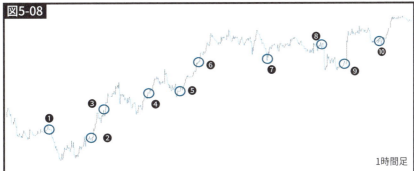

回答1

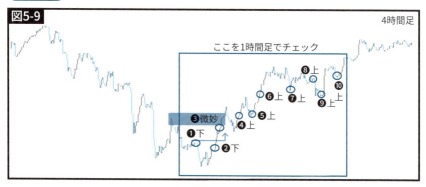

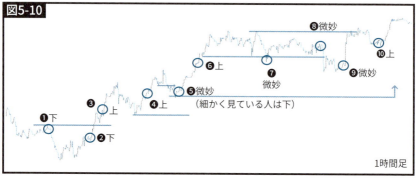

4時間足は、次の通りです。

①②　下目線。
③　戻り高値を見る位置によって目線が異なる微妙なところ。
④〜⑩　戻り高値を超えた後、押し安値を下抜けず上目線が継続。

1時間足で見ると次の通りです。

①②　この時点では4時間足と同様に下降中で下目線。
③　1時間足では戻り高値になってくるので上目線。

④　同様に上目線。
⑤　細かく見ている人なら下の可能性もあり微妙。
⑥　高値更新して上目線。
⑦　細かく見ている人なら下に切り替わっている可能性もある位置なので微妙。
⑧　⑦を下目線で見ている人なら下目線のまま。上目線で見ているなら上目線で微妙。
⑨　⑦⑧を下目線で見ている人なら安値更新して下目線継続で、⑤付近を押し安値と見ている人ならずっと上目線のまま。
⑩　戻り高値を超えてから押し安値を下抜けていないので上目線。

4時間足だけを見るとほぼ上目線ですが、1時間足で見ると目線が曖昧だったりするのがわかるかと思います。こういった不一致を見つけることで押し目や戻り目になり、その後の伸び代が出やすくなります。

問題2

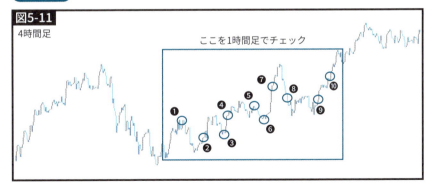

図5-11

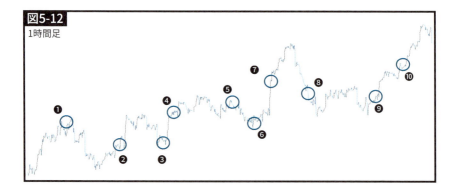

回答2

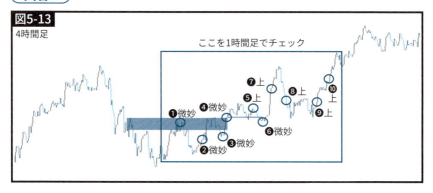

4時間足は、次の通りです。

① 戻り高値を見る位置によって目線が異なり微妙。
② ①を下目線と見ているなら下目線。上目線と見ているなら上目線で微妙。
③ 同様に①を下目線と見ているならまだ戻り高値を超えていないので下目線継続。上目線と見ている人は押し安値を下抜けていないので上目線で微妙。
④ 高値を超えたかまだわからないので①を下目線で見ている人は

170

下目線継続。上目線で見ている人は上目線で微妙。
⑤　ここまで行くと高値を超えて上目線。
⑥　押し安値を下抜けていないので基本的には上目線ですが、小さく見ている人なら下目線に切り替えている可能性もあるので微妙。
⑦〜⑩　戻り高値を超えた後、押し安値を下抜けず⑦〜⑩まで上目線。

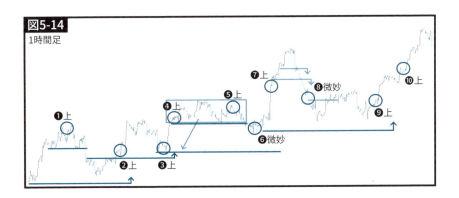

1時間足で見ると次の通りです。

①　1時間足では戻り高値を超えたところで上目線。
②　押し安値を下抜けず上目線。細かく見ている人なら下目線になって再度上目線になったところでどちらにしても上目線。
③　押し安値を下抜けず上目線継続中。
④⑤　高値更新した後、押し安値を下抜けず上目線継続。
⑥　細かく見ている人なら下目線。薄四角のように高値圏として塊で見ている人なら③の安値が押し安値で上目線継続。
⑦　高値更新して上目線。
⑧　細かく見ている人なら下目線で微妙。
⑨　⑧を下で見ている人でも再度上目線になっているところ。
⑩　高値更新して上目線継続。

問題3

図5-15　　　　　　　　　　　　　　　　　　　ここを1時間足でチェック　　4時間足

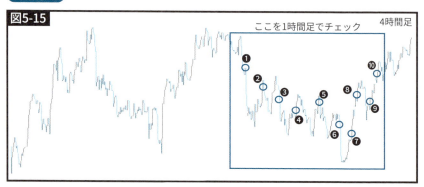

図5-16　　　　　　　　　　　　　　　　　　　　　　　　　　　　　　1時間足

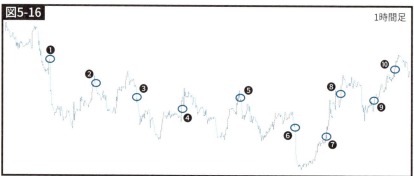

回答3

図5-17　　　　　　　　　　　　　　　　　　　ここを1時間足でチェック　　4時間足

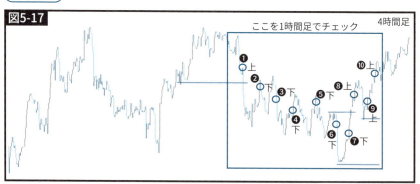

4時間足は次の通りです。

① 押し安値を下抜けず上目線。
② 押し安値を下抜けて下目線。
③〜⑦ 戻り高値を超えず下目線継続。
⑧〜⑩ 戻り高値を超えて押し安値を下抜けず上目線。

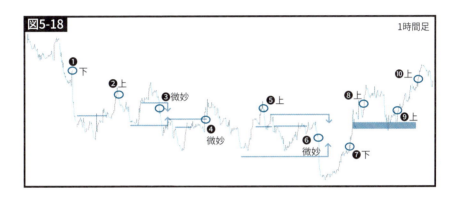

1時間足で見ると次の通りです。

① 下降中で下目線。
② 戻り高値を超えて上目線。
③ 細かく見る人なら下目線。もう少し大きいサイズの人は上目線。
④ 細かく見ている人なら上で、もう少し大きいサイズの人は目線が切り替わる部分なので、まだ上とは言い切れず微妙。
⑤ 戻り高値を超えて上目線。
⑥ 細かく見ている人は下目線になってから下目線が継続しており、上目線に切り替わった？というあたりの人、もう少し大きいサイズの人は上目線のまま。
⑦ 安値更新して下目線。

⑧　戻り高値を超えて上目線。
⑨⑩　そのまま押し安値を下抜けず上目線。

5-3 注文の集中・シナリオを考えよう

　今度は注文の集中を考えて方向感の重なり、伸びやすい場所を落とし込みましょう！

　日足の一番右の部分を4時間足・1時間足・15分足でも確認して、今現在の相場が「**買いと売りどちらに偏っているのか**」を考えましょう。ダウの目線で方向感がわかれば前述した値幅論から利益確定の目標が見えてくるので、リスクリワードがエントリー前から読み取れるようになっていきます。

　そのためにも**各時間足の目線、MAの傾き、水平線、トレンドラインなどから動く方向感、売り買いのバランスを読み取っていきましょう。**

> **問題**
>
> ①各時間足のダウの目線を考えてください。
> ②水平線・トレンドラインを引いて買い注文、売り注文を考えてみましょう。
> ③あなたなら買い・売りどちらを狙いますか？
> ④どうなったらエントリーしますか？　また損切り・利益確定の目標値はどう決めますか？

問題① 各時間足のダウの目線を考えてください。

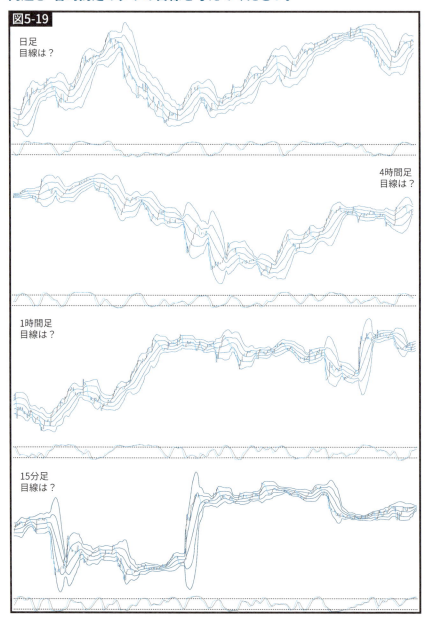

> 回答

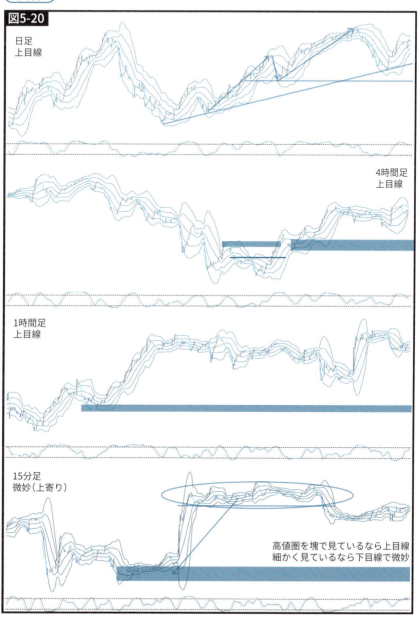

図5-20

日足
上目線

4時間足
上目線

1時間足
上目線

15分足
微妙(上寄り)

高値圏を塊で見ているなら上目線
細かく見ているなら下目線で微妙

日足は押し安値より上で上目線。
　4時間足は下降トレンドの状態から戻り高値を超えて、押し安値より上で上目線。
　1時間足は上昇トレンド中、押し安値より上なので上目線。
　15分足は細かく見ている人なら下目線の可能性もありますが、高値の更新幅も小さく、高値圏を塊で見ると上目線継続中（上寄りの微妙）。
　各時間の目線から狙う方向としては買いを考えていきます。トレンドの方向的に上を狙う方が優位性が高いだろう、というだけで、上目線だからとりあえず買えばいいというものではないのでご注意ください。

問題②　水平線・トレンドラインを引いて、買い注文、売り注文を考えてみましょう。

　日足の押し安値ラインや安値切り上げライン、過去のレジサポ転換ラインから、買い注文が強くなっていることが確認できます。また、ボリンジャーバンドのミドルライン（移動平均線）が上向きであり、価格帯的にも買いが優勢であることがわかります（図5-21）。

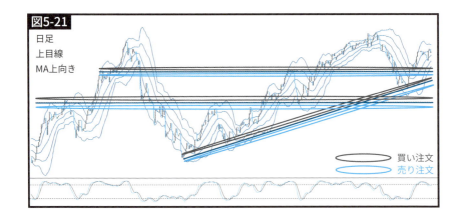

　4時間足で見ると、下降トレンドラインの上に買い注文（下落に対す

る決済)があり、その後戻り高値を超えて上目線に転換しました。さらに、その戻り高値ライン付近でレジサポ転換が起こり、徐々に買いに偏ってきている状況です。押し安値を下抜けることなく、小さな下降トレンドラインを上抜け、ボリンジャーバンドのミドルラインも上向きになり、全体的に上向きの流れが確認できます。このように、買いが強い環境の中で、直近の方向感も買いが優勢となっているのがわかります(図5-22)。

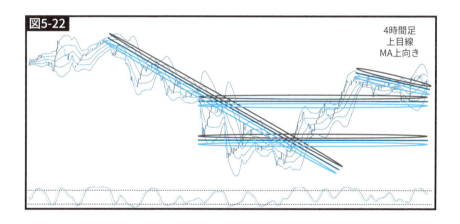

1時間足で見ると、押し安値よりも上で上昇トレンドが続いています。安値切り上げラインよりも上に位置し、その角度のトレンドが継続している状態です。さらに、直近の下降トレンドラインも上抜け、逆張りの売りポジションに対する損切りを巻き込みながら買いが優勢となっています。加えて、レジサポ転換エリアでも買いが優勢であり、ボリンジャーバンドのミドルラインも上向きになっているため、全体的に買いの勢いが強まっているのがわかります(図5-23)。

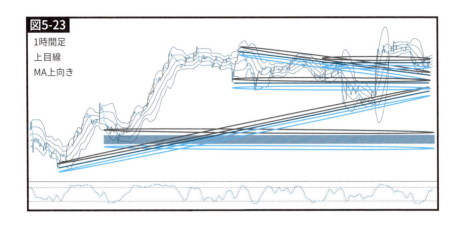

　15分足では、目線的には微妙でボリンジャーバンドのミドルラインも横ばいで方向感としてははっきりしないイマイチな状況ですが、ラインを引くことで買いに偏ってきているのが見えてくるかと思います（図5-24）。

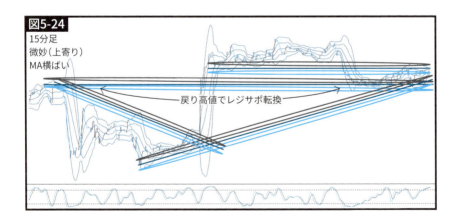

問題③　あなたなら買い・売りどちらを狙いますか？

　各時間足のダウ理論の目線や移動平均線の傾きから、買いが強い環境であるため、順張り方向に買いを検討します。初心者のうちは、全体的

に買いが強い相場の中でエントリーできず、すでに価格が伸びた後に「さすがにそろそろ下がるかも」と予想してしまうことがあります。これはトレンドが出ているときに乗れなかった自分の失敗に対して「こうなってほしい」という願望から予測してしまうからです。しかし、トレンドは明確な転換シグナルが出るまで続くものであるため、伸びているのを見逃してしまっても、これからさらに伸びる前提でレンジ形成を確認してからトレンドフォローを心がけましょう。順張りをすることで、トレンド方向に乗っている分、逆張りよりもポジションを保有するストレスが軽減されます。

問題④　どうなったらエントリーしますか？　また損切り・利益確定の目標値はどう決めますか？

　順張り方向で考えるので15分足レンジの上ブレイクで買いを狙っていきます。損切り位置はレンジの反対側の安値。利益確定の目標位置は1時間足の上昇幅のN値で設定します。単にレンジブレイクを狙うだけだと、勝ったり負けたりうまくいきやすいとき、うまくいきにくいときの違いに気付けなかったりするかと思いますが、順張り方向を狙うなら「そのブレイクが上位足でも同じ方向のサインとして見えるか？」を意識してみましょう。

　今回の場合だと15分足を上目線で見ている人なら目線方向に沿ったレンジブレイクでボリンジャーバンドのミドルライン（移動平均線）が上に傾いて、バンド幅も拡大してエクスパンションが始まります。15分足の目線を下と見て、レンジ上限で逆張り売りをしている人なら、逆張りしたレンジの高値を超え始めると移動平均線が上に傾き出す状態になるので、すぐに手放す人（売りに対する損切り：買い決済）が出てくるので落ち着いて売りポジションを持ち続けにくくなります（図5-25）。

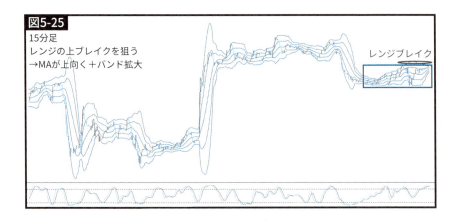

　さらに、1時間足で見ると、15分足と同様に移動平均線が上向きで、買いが強い状態が続いており、バンドウォークが継続している位置にあります。上目線に転換した部分をエリオット波動の1波と捉えると、その後の押しの部分は2波に該当し、レンジができてから上にブレイクするところで買いを入れると、3波が始まる可能性（押し目の終了）と考えられます。

　移動平均線の傾きを見てみると、1波の部分では上向きから横向きに、2波の部分では横向きから下向きに変わり、その後、横向きから上向きに変わるタイミングが、押し目から転換が始まるポイントとして見えてきます（図5-26）。

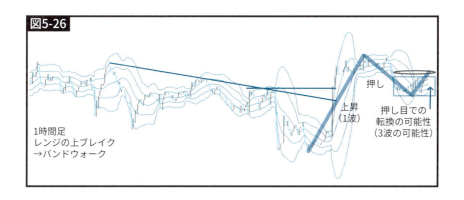

　さらに、4時間足で見ると、1時間足以下のレンジは4時間足の-1σ付近で形成されており、レンジを上にブレイクすることで、4時間足のミドルライン（移動平均線）を上抜け、グランビルの法則（移動平均線をローソク足が上抜ける買いサイン）として認識されます。1時間足の3波の可能性があるポイントでレンジを上ブレイクし、4時間足の移動平均線での収束から拡散が始まるポイントとなるため、その後の伸びを得やすくなります（図5-27）。

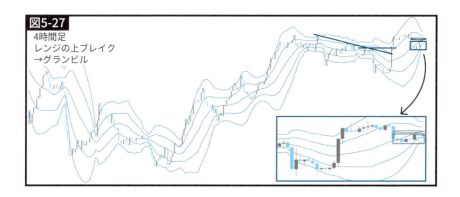

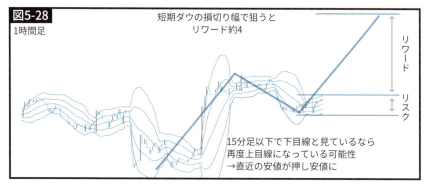

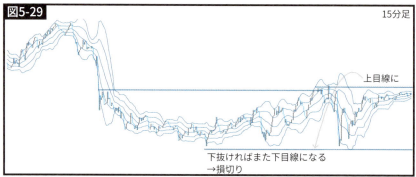

　15分足で上目線を継続している場合、その次の安値が押し安値となり、そこに損切りを置いた場合でもリスクリワードが悪くないため、エントリーしても問題ない環境です。しかし、短期ダウの安値と比較すると距離があるため、いったん短期の損切り幅を設定し、損切りにかかれば次の上昇を狙う方が、含み損の時間を短縮し、次のチャンスに備えることができます（図5-30）。

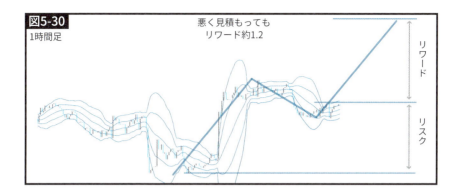

　今回の問題の概念は、図5-31のようになります。ある程度の値幅を狙うためには、収束→拡散を狙うことが重要です。今回の場合、4時間足の移動平均線にローソク足が近づき、そこでレンジが形成され、その後上ブレイクすることで、4時間足の上昇初動から狙うイメージになります。

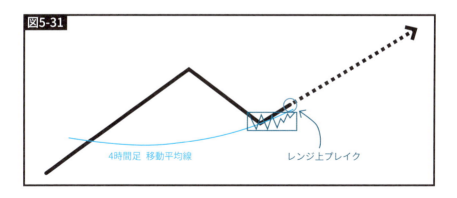

　勝率にブレが激しい方や、一時的に思った方向に少し伸びて損切りされ、その後しっかり伸びていく経験が多い方は、トレンド方向に沿ってポジションを持てていたとしても、「すべての時間足が揃ってからエントリーを繰り返す」「転換の初動を狙い過ぎている」などの傾向があり

ます。

　この場合、エントリー時にトレンドが終わりかけていたり、押し目買いや戻り売りのタイミングが早過ぎることが多いです。これから、前者のパターンにおけるトレンドフォローでダメなレンジブレイク例をお伝えします。

　まず、方向感を掴むために１時間足に複数の移動平均線（20、80、200）を表示させています。これらを確認すると、ローソク足が200MAと80MAから大きく乖離しており、すでにトレンドが大きく出ている状態がわかります。その状態で小さなレンジの上ブレイク（画像の中では最高値を更新するタイミング）を狙ってしまうと、すでに伸びている位置からさらに先を目指そうとするため、伸び代が出にくい環境となります（図5-32）。

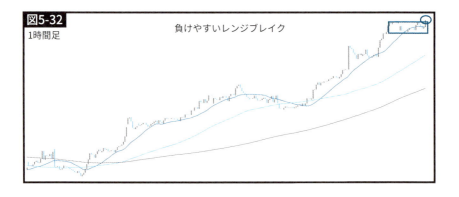

　このようなときにブレイクエントリーをしていませんか？　トレンドフォローをするトレーダーにとって、トレードがやりにくい相場環境は、各時間足で方向感がまったくない場合です。特に、すでに強いトレンドが出ていて、値幅的にN値（目標値）にほぼ到達している状況は注意が必要です。今回の場合、図5-33、34のように、トレンドが強く、横軸が短いため短期的に非常に強いトレンドが発生しており、今後さらに伸

びるのか、反転するのかが不確かなタイミングです。伸び代が明確でない場合、リスクリワードが悪化しやすいため、このような状況ではエントリーを見送るのが賢明です。

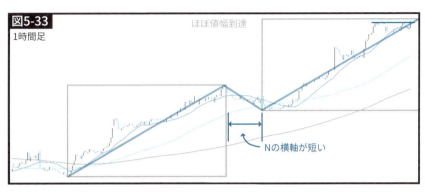

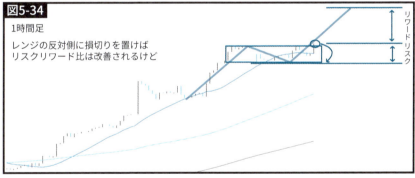

　さらに右側の四角の中で小さなNを狙おうとした場合でも、損切りとしてはダウ理論に沿って押し安値に設定。利益確定の目標値はN値で考えるとすでにリスクリワードのバランスが悪いのがわかります。
　こういった環境のときにリスクリワードのバランスを改善するために、レンジの反対側に損切りを設定する方法もありますが、例のレンジ部分の安値というのは上目線継続中の何でもない安値なので、ここが押し目になるかどうかはまだわかりません（図5-35）。

前述したように、リスクリワードを改善しようと損切り幅を狭くし過ぎたり、利益確定の目標値を大きくし過ぎたりすると勝率が落ちるので、**無理に損切り幅を狭めたりせずにトレンドが崩れるところに損切りを置いて、それに対してリワードが見込めるのかをチェック**していきましょう。

問題の場合は短期ダウが崩れるポイントなので損切り位置になって、例の場合はダウが崩れないので安値としては弱くなります。この違いを理解するためにも押し安値、戻り高値をどこに引くのか基準を持ってチャートを見られるようになりましょうね。

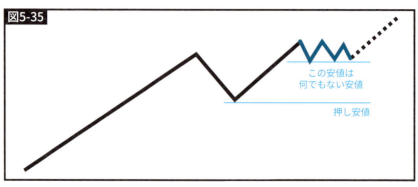

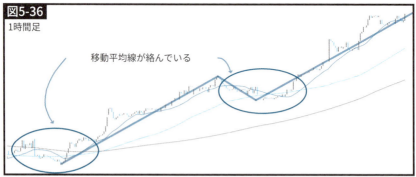

トレンド方向の見方は人によって違ったり、見るものによって違うので一概にこれが正解とは言えませんが、何を使って何を見るのかが決まれば、あなたの中でトレンドの判断がブレなくなります。

　それが僕の場合はダウ理論に沿った押し安値・戻り高値で、ローソク足が複数本あって水平線が引けること、というふうに自分の中の基準を勝手に決めてしまうことで、不確実な相場の中でも自分なりに方向感などが見える瞬間があります。

　このように何が正しいかを求めず、自分軸を持って相場の中で迷子にならないようにしていきましょう。

　見る軸が定まればトレンドの方向がわかったり、売り買いのバランスを感じ取れたり、エントリー前にリスクリワードが算出できたりといったメリットがあるので、あなたなりにやりやすい方法を軸にしていきましょう。

あとがき

　改めて本書を手に取ってくださりありがとうございました。著者が言うのもなんですが、内容としては正直なところ大して面白くなかったと思います。

　FX初心者の方々は、「少額から増やすのが正解！」や「大きな資金を入れた方が難易度が下がる」「これだけで稼げます」といったSNSでよく見かける情報を鵜呑みにしてしまい、「少額でハイレバレッジトレードを繰り返して何度も全損する」「資金に余裕があるからとついナンピンをして大きく資金を減らしてしまう」「1分足のエントリーサインを追い続けて全然勝てない」といった状況に陥りやすく、きちんとトレードをスタートできるレベルに達するころには、余剰資金がほとんどなくなっているケースを数多く見てきました。

　本書を通じて、目新しい情報や画期的な手法を期待された方もいるかもしれません。しかし、実際の内容は「ダウの目線を確認する」「インジケーターの傾きを見る」「どこで注文が重なるか」「押し目買いや戻り売りを狙う」「形がどこで出現しているか」といった、基礎的な考え方を繰り返しお伝えするものでした。

　他にもマルチタイムフレーム分析、エリオット波動、フィボナッチリトレースメントなど様々なことを伝えはしましたが、結局のところトレンドフォローするならシンプルに「トレンド方向に沿って勢いが出るポイントを狙う」ことの繰り返しに尽きます。

　それにもかかわらず、「〇〇の方法ならここも狙えます！（ドヤッ）」といったような主張をしても、リアルな相場で使えないのであれば意味がありません。

　トレンド方向に対する「勢いの見方」は、インジケーターやチャートパターン、プライスアクション、注文の集中などで判断するものにすぎ

ません。そのため、①方向感を見ること、②勢いに乗ること、この２点をしっかり覚えていただければ、無理なトレードをしなくなったり、大きな逆行が減ったりして、大きな資金増加はなくても「資金が減らない」ことに気づけるはずです。

　あとは、決めたことを継続して実践する中で、負けやすい相場でのトレードを減らしたり、勝てているときの共通点を見つけていくことで、トレードの精度は自然と向上していきます。

　もう大切なお金を減らさないためにも、今後資金を増やしていくためにも、「簡単そうな方法」ばかりに目を向けるのではなく、トレンド方向に対して下位足の勢いが出始めるポイントを、自分なりにわかるパターンに絞り込んでくださいね。

　生き残り続ければ資金は増えるので、諦めずに日々の積み上げを楽しみながら頑張っていきましょう！

　最後まで読んでくださりありがとうございました！

2025年2月　**Kou**

もっと稼ぎたいならココをチェック！
「ゼロから勝ちを目指す完全無料講座」

※2025年2月時点の情報です。
※PCおよびスマートフォン向けのサービスです（一部の機種ではご利用いただけない場合があります）。
※パケット通信料を含む通信費用はお客様のご負担となります。
※システム等の都合により、予告なく公開を終了する場合があります。
※上記のWEBサイトは、著者Kouさんが管理・運営しています。
　株式会社KADOKAWAでは、お問い合わせ等を承っておりません。

Kou

専業投資家。FX手法研究家。医学物理士で、データに基づいたテクニカルトレードを得意とする。LINEで無料講座を実施し、3万名の受講者のうち94.6%が3か月で成果を上げた。10万円を元手にFXで資産を増やす経過をブログで発信したところ、8週間で元手100倍を達成した。Xではテクニカル分析の手法をわかりやすく解説した発信が好評を博し、フォロワー数は8.2万人（2024年12月時点）。

【完全再現】8週間で元手10万円を100倍にした科学的「FX・神トレード」
94.6%の初心者トレーダーが勝利を確信したテクニカル分析の絶技

2025年2月15日　初版発行

著者／Kou
発行者／山下　直久
発行／株式会社KADOKAWA
〒102-8177　東京都千代田区富士見2-13-3
電話　0570-002-301(ナビダイヤル)

印刷所／大日本印刷株式会社
製本所／大日本印刷株式会社

本書の無断複製（コピー、スキャン、デジタル化等）並びに無断複製物の譲渡および配信は、著作権法上での例外を除き禁じられています。また、本書を代行業者等の第三者に依頼して複製する行為は、たとえ個人や家庭内での利用であっても一切認められておりません。

●お問い合わせ
https://www.kadokawa.co.jp/ (「お問い合わせ」へお進みください)
※内容によっては、お答えできない場合があります。
※サポートは日本国内のみとさせていただきます。
※Japanese text only

定価はカバーに表示してあります。

©Kou 2025　Printed in Japan
ISBN 978-4-04-607128-6　C0033